DÉFENSE
DE
LA RELIGION
ET DE
LA LEGISLATION,
TIRÉE
DE L'EMILE CHRETIEN,
POUR SERVIR DE SUITE
A
L'ANTI-EMILE.

PAR
M. FORMEY.

A BERLIN,
Chez JOACHIM PAULI,
Libraire sous les Arcades.
MDCCLX

AVERTISSEMENT.

J'avois d'abord crû que mes Observations sur l'*Emile* de M. *Rousseau* se borneroient à celles dont j'ai formé l'*Anti-Emile.* Mais les instances qui m'ont été faites pour opposer aux deux grands morceaux dans lesquels cet Auteur attaque la Religion Chrêtienne & les formes actuelles de Gouvernement, deux Défenses des vrais principes sur ces importantes matieres m'ont déterminé à fournir une tâche, dont auroient pu & du s'acquitter des personnes beaucoup plus capables d'y réussir. J'espere cependant que la bonté des causes que je plaide suffira pour donner du poids aux argumens que j'allegue en leur faveur. L'erreur peut éblouïr; mais c'est à la suite de la vérité seule que marche la convic-

 tion.

tion. Comme ces deux Défenses ont été insérées dans un Ouvrage que bien des gens ne pourront peut-être acheter à cause de son prix, ou ne voudront pas acquérir pour ne pas doubler *Emile* dans leur Bibliotheque, j'ai cru devoir les détacher, & en former ce petit Volume, qui comme je le marque au titre, servira de Suite à l'*Anti-Emile*. J'annonce en même tems un troisieme Volume, ou une seconde & derniere suite de l'*Anti-Emile*, qui sera peut-être la partie de cet Ouvrage la plus propre à réveiller l'attention. C'est la Réponse à la Lettre de M. *Rousseau*, à l'Archevêque de Paris. Quand ce Recueil sera complet, j'ose me persuader qu'il ne restera gueres de Sophismes dans les derniers Ecrits de ce célebre Ecrivain, dont les Lecteurs attentifs & impartiaux ne puissent découvrir l'artifice & sentir la foiblesse.

IN-

INTRODUCTION *.

Ceux qui ont des principes de conduite dans la Société, dissimulent les offenses légeres ; & pour ne pas se livrer à des dissensions perpétuelles qui troubleroient toute leur vie, ils supportent à tout moment les caprices, & même les injustices, des personnes avec qui ils vivent. Le succès répond parfaitement à leur attente ; ces legeres atteintes ne font que les effleurer, ces traits qu'on leur décoche, tombent à leurs pieds sans force. Mais il n'en est pas de même dans ces occasions importantes, où le devoir essentiel de leur propre conservation exige

qu'ils

(*) C'est l'Introduction que j'ai mise à la tête de l'Emile Chrétien.

qu'ils prennent des meſures, oppoſent de la réſiſtance, & en viennent formellement aux priſes avec leurs Adverſaires. Alors guidés par la prudence, & soûtenus par le courage, ils ſe montrent auſſi ardens, auſſi intrépides, que le demande la grandeur des intérêts, auxquels ils ſont appellés à veiller.

On peut appliquer ces réflexions à la Religion. Elle eſt, pour ainſi dire, continuellement harcelée par une foule d'Ennemis, qui croyent ſe ſignaler en levant l'étendart contr'elle. Mais pour l'ordinaire ce n'eſt pas la peine de ſe mettre en devoir de les repouſſer. Ils ne font que répéter des choſes qui ont été mille fois dites, & autant de fois réfutées. Ils ne cherchent qu'à faire parler d'eux, & l'on ne ſauroit mieux les punir qu'en laiſſant tomber leur nom dans l'abyme de l'oubli.

J'avoue que le même motif influe ſur les démarches de ceux qui portent

tent à la Religion des coups plus puissans, & qui, s'ils ne sont pas plus dangereux, par rapport à cette sainte doctrine en elle-même, qui est fort au dessus de tout effort humain, détruisent, au moins en partie, son empire sur les cœurs, diminuent la confiance, le respect, qu'elles méritent de la part des hommes. C'est par le funeste désir de faire du bruit que sont excités ces Génies, qui, nés pour éclairer le genre-humain, se dévouent malheureusement à l'égarer & à le conduire à sa perte. Si personne ne faisoit attention à leurs Ecrits, ils se dégoûteroient bientôt de les produire. C'est donc entrer en quelque sorte dans leurs vues que de leur répondre, & de donner par-là plus d'éclat & de durée aux Controverses qu'on agite avec eux.

Cependant on ne sauroit s'en dispenser. Le venin de leurs Ouvrages est trop dangereux, il fait de trop rapides progrès dans la Société pour n'y oppoſer aucun contre-poiſon; & voir périr, de ſens froid, tant d'âmes qui en ſont les miſérables victimes. Il y a eu des Siecles marqués par de grandes peſtes, qui ont dépeuplé preſque toutes les Contrées de la Terre. Celui-ci ſera le ſiecle de la peſte des ames; & malheureuſement elle eſt la plus terrible de toutes. Deux ou trois Ecrivains ont fait tout le mal, & ont même l'audace de s'en glorifier. Dans les uns une malice diabolique, dans les autres un fanatiſme enté ſur l'orgueil, ont produit les mêmes effets. La plus ſainte des Religions eſt devenue l'objet de leur haine implacable. Ils ſemblent avoir juré d'en éteindre juſqu'au ſouvenir. Autrefois Spinoſa, Hobbes, Vanini, *s'envelopoient dans les obſcurités de la Langue ſavante, du ſtile, de la méthode; ils n'étoient entendus que par des adeptes.* Toland, *au commencement de ce ſiecle, voulut faire le bel-eſprit, pren-*

*prendre le ton de la plaiſanterie, & familiariſer ſes contemporains avec l'irréligion; mais il n'obtint que leur mépris, leur exécration. Mais, depuis trente à quarante ans, les impiétés les plus atroces ont figuré impunément dans les Livres les plus répandus, & les mêmes horreurs ont été vômies journellement par des gens qui aſſocient l'ignorance à la mauvaiſe foi, l'imprudence aux plus honteux déſordres. L'Auteur d'*Emile *à cru tenir un milieu en frappant d'une main l'édifice de la Religion, & de l'autre celui de cette fauſſe Philoſophie. Mais il n'a fait qu'aggraver le mal. Les libertins de cœur s'approprient les armes qu'il leur prête imprudemment; & les Chrétiens ſont à juſte tître affligés & ſcandaliſés de l'indécente confeſſion du Vicaire.*

Il n'eſt donc pas poſſible de paſſer tous ces attentats ſous ſilence; &, quoiqu'on ne puiſſe rien ajoûter au-

 jour-

jourd'hui à ce que les Apologistes de la Religion Chrêtienne ont dit en sa faveur depuis les tems Apostoliques jusqu'aux nôtres, il faut opposer de nouvelles défenses à des attaques nouvelles, sinon pour le fond, au moins pour la forme. Surtout il faut que ces réponses soyent mises à la portée, & en quelque sorte sous les yeux de tout le monde, comme le font les attaques. Car le comble de la rage dans les Incrédules modernes consiste en ce qu'ils veulent surtout être lûs par les personnes du plus bas rang, par toutes celles dont la condition, le sexe, l'âge, sembloient devoir les préserver de semblables lectures. C'est pour cela qu'écrivant en langue vulgaire, ils prodiguent encore tous les agrémens du stile & de l'imagination, ils employent les genres de fiction qu'ils croyent les plus propres à réussir. Ils mettent leur gloire à troubler le repos de tant d'honnêtes gens, de bonnes ames,

qui

qui cherchent dans la Religion le bonheur de leur vie, la tranquillité de leur mort, & l'espérance d'une glorieuse éternité; ils veulent, en les convainquant qu'ils se trompent grossiérement, les priver de tout ce qui peut les soutenir dans la pratique de leurs devoirs. Qu'on juge si ce sont là les offices d'une affection charitable, ou les emportemens d'une haine furieuse.

Quoiqu'il en soit, le tems presse, le mal gagne, & il faut venir au secours. C'est pour s'en acquitter plus promtement qu'on a pris le parti de mettre dans le Livre même qui a fait tant de bruit & tant de mal, la vraye doctrine contraire à celle de son Auteur. L'idée n'aura peut-être pas l'effet qu'on se propose. Ce qui fait la fortune d'un mauvais Livre, c'est ordinairement ce qu'il y a de mauvais. Oter ce mauvais, & y substituer du bon, c'est donc courir les risques de trouver peu de Lecteurs.

teurs. Nous ne ſaurions pourtant croire que l'amour de la Religion ſoit effacé de tous les cœurs, & que ſes intérêts ne ſoyent plus les intérêts de perſonne. Dieu connoît ceux qui ſont ſiens. *C'eſt à ce petit nombre d'hommes ſages & vertueux que nous nous adreſſons; c'eſt à l'édification & à l'utilité de ceux qui* ne ſe glorifient qu'en la Croix de Chriſt, *que nous conſacrons cette Edition d'Emile; & nous fléchiſſons les genoux devant le Souverain Paſteur de l'Egliſe, afin qu'il lui plaiſe d'y répandre ſa bénédiction.*

DE'-

DÉFENSE DE LA RELIGION OPPOSÉE A LA PROFESSION DE FOI DU VICAIRE SAVOYARD.

La Religion Naturelle ne suffit pas : il faut à l'homme un guide plus assuré. Tout en prouve la nécessité Il n'y a qu'une Révélation qui puisse tirer l'homme du danger d'offenser Dieu, même en voulant le servir, qui soit

ſoit ſuffiſante pour donner à ſon eſprit les lumieres, & à ſon cœur les ſentimens, d'où réſulte le culte raiſonnable & agréable à l'Etre Suprême? Le ſimple uſage des facultés naturelles, traverſé comme il l'eſt par une infinité d'obſtacles, altéré même & corrompu par des cauſes ſans nombre, eſt bien éloigné de cette pureté de morale, de ces dogmes ſi utiles à l'homme, ſi honorables à leur Auteur, que nous puiſons dans les Livres Sacrés. Quand la théorie des devoirs naturels auroit été conduite à ſa perfection par les anciens Philoſophes, ce que perſonne n'oſeroit affirmer, combien de choſes ne reſtoit-il pas à y ajouter pour la gloire de Dieu, pour le bien de la Société, & pour l'avantage propre de chaque particulier? Combien de vertus ne naiſſent pas d'un nouveau culte, tel que le culte évangélique, vertus qui ne pouvoient être des conſéquences du culte naturel? Les plus grandes idées de la Divinité té ne nous viennent par la raiſon que lentement, difficilement, confuſément; au lieu que la Parole de Dieu les offre dans un jour auſſi pur que lumineux. Voyez le Spectacle de la Nature, écoutez la voix intérieure; vous ſerez frappé d'admiration, pénétré de reconnoiſſance; mais vous ſentirez que, ſi Dieu s'en étoit tenu là, il n'auroit pas tout dit à nos yeux, à notre conſcience, à notre jugement. Les Hommes, pourvû que Dieu les inſpire, & parle par leur bouche, nous en diront bien d'avantage. Le Monde nous offre le Dieu de la Nature, Créateur & Conſervateur; la Religion nous découvre le Dieu de la Grace, Libérateur & Sauveur. Tous ſes Dogmes tendent à éclaircir les notions du grand Etre, à annoblir les idées que nous nous en formons. Les Myſteres même, en humiliant la raiſon, ne la révoltent point. Nous ne ſommes pas ſurpris qu'il y ait des profondeurs dans la Divinité; tandis

que

que le moindre des objets qui nous environnent, renferme un infini, un incompréhensible, qui nous confond & nous absorbe. Si les hommes abusent de la Religion, s'ils en font l'aliment de leurs passions déréglées, le principe des discordes les plus honteuses & des guerres les plus cruelles, je distingue les crimes des hommes & les miseres du genre-humain d'avec les œuvres de Dieu, ses bienfaits, les vues de sa sagesse adorable & de son infinie miséricorde.

Quoique la régularité & l'uniformité du culte soient des objets très-importans, ce ne sont pas les seuls ni même les principaux que Dieu ait eus en vue, en se révélant. Il a voulu remonter à la source même du mal; éclairer l'esprit, sanctifier le cœur, & mettre par-là les hommes sur la voye d'un culte pur & raisonnable. Les détails, les variétés de ce culte, n'étoient pas un point si important qu'il falût tout l'appareil de la puissance divine

vine pour l'établir. Ne confondons point le Cérémonial de la Religion avec la Religion même. Dieu ne prend aucun intérêt à la forme de l'habit du Prêtre, à l'ordre des mots qu'il prononce, aux geſtes, aux génufléxions, pourvû qu'il n'y ait rien dans tout cela qui tienne de la puérilité, & qui conduiſe à la ſuperſtition. Le culte que Dieu demande, eſt celui du cœur, il veut être adoré en eſprit & en vérité; mais ce devoir, qui, ſi l'homme ne s'étoit pas dépravé, auroit été celui de toutes les Religions, de tous les Pays, de tous les Hommes, n'étoit rendu nulle part à Dieu ſur la terre avant la manifeſtation de l'Evangile; & il étoit impoſſible que les hommes, plongés dans les erreurs les plus groſſieres, & dans les vices les plus honteux, ſortiſſent d'un état auſſi déplorable, ſi Dieu ne leur avoit tendu une main propice. Où étoit avant J. C. ce culte eſſentiel dont on ſuppoſe les hommes capables par eux-mêmes, &

dans l'état naturel? Les Philosophes eux-mêmes l'offroient-ils à la Divinité; & à bien des égards n'en étoient-ils pas plus éloignés que le vulgaire même? Etoit-il donc indigne des perfections divines de s'intéresser au sort de tant de Créatures placées sur le bord d'un abyme, où leur chûte étoit inévitable sans un bras céleste qui les retînt? Ce seroit se faire d'étranges idées de la Divinité que de la concevoir insensible, indifférente, à cet état des hommes; tout comme ce seroit s'en faire de trop petites que de la croire uniquement attentive à l'établissement d'un culte extérieur & uniforme. Cette uniformité requise pour le bon ordre est purement une affaire de police: il ne faut point de révélation pour cela.

Ce n'est pas l'ouvrage d'un jour que de se faire de justes idées de la Religion, d'en bien saisir l'excellence & le prix. L'homme entraîné par les préjugés de l'éducation, & par ce

dan-

dangereux amour-propre qui lui inspire une folle confiance en lui-même & en ses propres forces, éleve avec peine ses conceptions jusqu'au grand Etre. Dans cette disposition il craint de s'engager dans la voye de l'examen & des discussions. Il prend le parti d'adopter aveuglément la Religion dont on l'instruit, & quand ensuite il y découvre des choses qui lui déplaisent, & le révoltent, il se hâte d'en tirer cette conclusion, c'est qu'aucune Religion n'est croyable, & qu'il faut, en passant également l'éponge sur toute, se livrer au doute universel. Telle est la route où se sont égarés presque tous nos Incrédules. Ils n'ont reçu dans leur jeunesse que des instructions fort superficielles; & la plûpart d'entr'eux ont été élevés avec cela dans les principes d'une Communion qui a fait perdre au Christianisme les marques caractéristiques d'évidence & de pureté, qu'il possédoit originairement, &

 qu'on

qu'on peut retrouver dans l'Evangile, dès qu'on veut les y chercher. Ainsi instruits, livrés bientôt après au tourbillon du monde, au torrent des passions, aux séductions les plus dangereuses, ils ont été charmés de trouver dans ce qu'ils apelloient la Religion, des obstacles à la crédibilité; ils se sont plûs à les multiplier; ils ont soigneusement ramassé toutes les objections, tous les sophismes qui ont été mille fois répétés & mille fois réfutés; & ils sont venus à bout de se persuader que de leur réunion résultoit la démonstration la plus victorieuse. Des gens sensés auroient pris un tout autre parti. Ils auroient examiné la Religion qu'on leur avoit enseignée, pour en découvrir le fort & le foible; de là ils auroient passé à la confrontation de cette Religion avec les sources authentiques qui décident de sa pureté, ou de ses altérations; ils auroient étudié soigneusement la vraye Religion dans ces sources; ils

se

ſe ſeroient fait un plan clair, un ſyſtême ſolide, de tout ce que cette Religion enſeigne & preſcrit; après quoi paſſant aux difficultés, ils les auroient diſcutées, appréciées, réſolues avec candeur, avec impartialité, dans le déſir ſincere de trouver la vérité, & avec l'intention droite de la réduire auſſitôt en pratique. Où ſont ceux qui ayent rempli fidélement cette tâche? Où eſt celui qui ſoit en droit de dire: je me ſuis convaincu, & je puis convaincre les autres, que toutes les Religions ſont fauſſes, ſans en excepter le Chriſtianiſme, que Dieu ne s'eſt jamais révélé aux hommes, & qu'il faut porter le même jugement de Moyſe & de Mahomet, de Jeſus-Chriſt & d'Appollonius de Thyane, des miracles des Apôtres & de ceux de l'Abbé Paris.

La Religion Naturelle fournit dans un ſens général les élémens de toute Religion. Mais elle ne s'accorde véritablement & ne s'ajuſte, pour ainſi dire, exactement qu'avec la Religion Chrétienne. Pour s'en assurer il n'y a qu'à considérer cette diversité de Sectes qui régnent sur la Terre, & qui s'accusent mutuellement de mensonge & d'erreur. Il est naturel de demander, *quelle est la bonne?* Chacun répond, c'est la mienne; chacun dit: moi seul & mes partisans pensent juste, tous les autres sont dans l'erreur. *Et comment savez-vous que votre Secte est la bonne?* Parce que Dieu l'a dit. Tout est égal jusqu'ici; mais voici le point de partage. *Et qui vous dit que Dieu l'a dit?* Le Superstitieux répond: Mon Curé, mon Iman, mon Talapoin, l'a dit; il le sait bien, & je m'en fie à lui. L'homme sage & religieux dit: j'ai étudié ma Religion; j'y ai trouvé toutes les preuves de vérité, d'authenticité, de divinité qui suffisent pour convaincre; j'ai écouté tous ceux qui voudroient invalider ces preuves, & j'ai trouvé qu'ils ne faisoient qu'étaler les doutes & les diffi-

difficultés que j'avois rencontrées moi-même dans l'examen de la Religion ; doutes, difficultés, qui n'ont pas une force suffisante, non seulement pour détruire, mais même pour ébranler, la certitude des faits qui servent de base à l'édifice de la Religion. Celui qui s'est mis en état de penser & de parler ainsi, a rempli le plus important de tous les devoirs; il a répondu au grand but que Dieu s'étoit proposé en le plaçant dans ce Monde & en l'y mettant à portée de connoître la Religion, il peut achever sa carriere dans les sentimens de la joye la plus pure, & de la confiance la plus inébranlable, persuadé que toutes les graces que Dieu lui a faites, sont le gage infaillible de biens infiniment plus précieux qu'il lui réserve.

La vérité est une; ce qui est démontré pour moi, ne sauroit être faux aux yeux d'un autre, que parce que j'ai suivi la bonne méthode, & qu'il en a pris une autre, qui l'a égaré.

ré. Rien donc de plus important que de s'accoûtumer non ſeulement à la réflexion, à la ſolidité; mais même de s'inſtruire de la maniere de raiſonner, de ce qui conſtitue la force des raiſonnemens, & rend inébranlables les preuves qu'on y ſonde. Le choix de l'erreur ou de la vérité, auſſi bien que celui de la vertu ou du vice, n'eſt point un effet du hazard. Dieu a donné à l'homme dans la Raiſon toutes les facultés, & dans la Révélation tous les ſecours néceſſaires pour faire ce choix: il peut donc lui imputer la conduite qu'il tient a cet égard, & l'en punir. Ce n'eſt pas pour être né dans tel ou tel pays, qu'un homme eſt coupable; c'eſt pour n'avoir pas profité du dégré quelconque de lumiere que ſa ſituation lui fourniſſoit. C'eſt ainſi que les Payens ſe ſont rendus inexcuſables. Dire, que Dieu juge les hommes d'après ce qu'ils ont pû faire, ce n'eſt pas outrager ſa juſtice, c'eſt en donner

ner une juste idée. Ou toutes les Religions sont bonnes & agréables à Dieu, ou, s'il en est une qu'il prescrive aux hommes & qu'il les punisse de la méconnoître, il lui a donné des signes manifestes & certains pour être distinguée & connue pour la seule véritable. Ces signes peuvent être rendus également sensibles à tous les hommes, grands & petits, savans & ignorans, Européens, Indiens, Afriquains, Sauvages. Le tems & la maniere dont cette Doctrine parvient à la connoissance des hommes dans les diverses contrées du Monde, dépend du bon-plaisir de Dieu, qui ne demandera compte à chacun que des talens qu'il aura reçus & de l'usage qu'il en aura fait. Le Chrêtien, au lieu de s'inquiéter du sort des Nations privées de la connoissance de l'Evangile, doit en remettre la décision à Dieu, pleinement persuadé que cette décision n'aura jamais rien qui répugne aux perfections de cet Etre Suprême: sa grande, son unique occupation, est de se réjouir de son propre bonheur, de sentir le prix des privileges, des prérogatives dont il jouit, de faire tout ce qui dépend de lui pour ne jamais décheoir d'un état aussi heureux, mais plutôt pour y faire des progrès continuels qui le conduisent à sa souveraine félicité.

Cherchons-nous donc sincérement la vérité? Ne donnons rien au droit de la naissance, ni à l'autorité des Peres & Pasteurs; mais rappellons tout à l'examen de la conscience & de la raison. Ils ont beau me crier: *Soûmets ta raison;* autant peut m'en dire celui qui me trompe: il me faut des raisons pour soûmettre ma Raison.

Toute la Théologie que je puis acquérir de moi-même par l'inspection de l'Univers & par le bon usage de mes facultés, est trop bornée pour suffire à mes besoins spirituels. Elle ne m'apprend point le véritable moyen de plaire à Dieu, de m'approcher

cher de lui avec confiance, & surtout d'obtenir le pardon des péchés, par lesquels j'ai continuellement le malheur de l'offenser. Pour arriver à ces connoissances il faut recourir à des moyens extraordinaires. Ces moyens ne sauroient être l'autorité des hommes, s'ils ne la montrent révétue de caracteres que la Divinité seule a pû lui conférer; car, sans cela, nul homme n'étant d'une autre espece que moi, tout ce qu'un homme connoît naturellement, je puis aussi le connoître, & un autre homme peut se tromper aussi bien que moi: quand je crois ce qu'il dit, ce n'est pas, parce qu'il le dit, mais parce qu'il le prouve. Le témoignage des hommes n'est donc au fond que celui de ma raison même, & n'ajoûte rien aux moyens naturels que Dieu m'a donnés de connoître.

Ici je ne saurois me tenir trop soigneusement en garde contre les écarts téméraires d'un orgueil insensé, qui vou-

voudroit prefcrire à Dieu les routes qu'il doit fuivre, les moyens qu'il doit employer, en fe manifeftant aux hommes. Il ne faut à la vérité pas croire à la légere que Dieu ait parlé, mais il ne faut pas montrer un endurciffement aveugle, une opiniâtreté féroce, à rejetter une Religion qui ne peut venir que du Ciel, & qui eft auffi évidente pour ceux qui en étudient aujourdhui les preuves, qu'elle l'a été pour les témoins oculaires des faits fur lesquels elle eft fondée. Jamais il n'y eut de prétention plus déraifonnable, plus abfurde, que de vouloir entendre Dieu foi-même, voir foi-même les prodiges employés pour l'établiffement de la Religion. Tous les hommes pouvoient-ils être contemporains de Moyfe & des Prophêtes, de J. C. & des Apôtres? Dieu, en perpétuant les prodiges, n'auroit-il pas changé la foi en vue? N'ôteroit-il pas par-là aux hommes le dégré de liberté néceffaire pour que leur

leur attachement à la Religion ſoit agréable à Dieu, & propre à les conduire à la rémunération qu'ont obtenue tous ces illuſtres Croyans dont St. Paul fait l'énumeration au Chapitre XI. de l'Epître aux Hébreux, & à laquelle parviendront ceux qui marcheront dignement ſur leur traces.

Cependant voyons, examinons, comparons, vérifions: la choſe en vaut bien la peine. Bien loin de ſouhaiter que Dieu m'eût diſpenſé de ce travail, je dois le bénir de ce qu'il m'a mis à portée de le faire, de ce que je poſſéde le précieux tréſor de ces Ecritures dont je n'ai qu'à m'enquérir fidélement, pour avoir par elles la vie éternelle. Cette diſcuſſion n'a rien qui doive m'effrayer. Je n'ai pas beſoin d'une érudition immenſe pour remonter dans les plus hautes antiquités; pour examiner, peſer, confronter les prophéties, les révélations, les faits, tous les monumens de foi propoſés dans tous les

pays

pays du monde; pour en alligner les tems, les lieux, les auteurs, les occasions. Je ne ſuis point appellé à m'engager dans le labyrinthe d'une critique épineuſe pour diſtinguer les pieces authentiques des pieces ſuppoſées; pour comparer les objections aux réponſes, les traductions aux originaux; pour juger de l'impartialité des témoins, de leur bon ſens, de leurs lumieres; pour ſavoir ſi l'on n'a rien ſupprimé, rien ajoûté, rien tranſpoſé, changé, falſifié, pour lever les contradictions, qui reſtent, pour juger quel poids doit avoir le ſilence des adverſaires dans les faits allégués contr'eux, ſi ces allégations leur ont été connues, s'ils en ont fait aſſez de cas pour daigner y répondre, ſi les Livres étoint aſſez communs pour que les nôtres leur parvinſſent, ſi nous avons été d'aſſez bonne foi pour donner cours aux leurs parmi nous, & pour y laiſſer leurs plus fortes objections telles qu'ils les avoient faites.

Tou-

Toutes ces questions ont été soigneusement approfondies par des hommes dont les Incrédules auroient mauvaise grace de contester l'habileté & l'intégrité. Si les détails de l'érudion sont dans des Ouvrages que tout le monde n'est pas capable de lire, le résultat le plus lumineux de tout ce qu'on peut dire en faveur de la Religion Chrétienne se trouve dans un nombre suffisant de Livres écrits de façon à être entendus des personnes les plus simples, pourvû qu'elles ayent du bon-sens, & qu'elles apportent à leur lecture l'attention nécessaire. C'en est assez pour satisfaire, tranquilliser, fortifier pleinement ceux qui, après avoir lu ces Livres, en remportent l'espece de conviction dont on est susceptible, lorsqu'on n'a pas étudié les Sciences dans lesquelles on puise l'idée d'une démonstration proprement dite, & qui font contracter l'habitude de s'en servir. Ce qui doit sur tout affermir les Chrétiens

tiens dans leur foi & dans leurs espérances, c'est que les Livres dont je viens de parler, n'ont jamais été réfutés: ce qui décide assez qu'ils ne sauroient l'être *).

Arrêtons d'abord nos regards sur la suite de la Religion, objet également frappant & consolant. Cette Eglise **) toujours attaquée, & jamais

*) Je réitere ici un défi que les Ennemis de la Religion déclinent constamment. Qu'ils vous donnent une réfutation d'Abbadie, de cet Abbadie que quelques-uns d'entr'eux ont eu l'audace de traiter avec un mépris si insolent. Qu'ils suivent pied à pied l'excellent Traité de la Vérité Chrêtienne de cet Auteur, & qu'ils n'y laissent pierre sur pierre qui ne soit démolie. Tant qu'une pareille tâche demeurera au dessus de leurs forces, que nous importent leurs excursions vagues, & leurs éternelles répétitions! Jamais on ne fit la conquête d'une Province, où il y a des places fortes, en détachant de simples partis qui battent la campagne, & en se tenant toujours soigneusement hors de la portée du canon de ces Places.

**) Voyez Bossuet, Discours sur l'Histoire Universelle, Part. II. Art. 13.

mais vaincue, eſt un miracle perpétuel, & un témoignage éclatant de l'immutabilité des conſeils de Dieu. Au milieu de l'agitation des choſes humaines, elle ſe ſoutient toujours avec une force invincible, en ſorte que, par une ſuite non interrompue, depuis près de dix-huit cens ans, nous la voyons remonter jusqu'à J. C. dans lequel elle a recueilli la ſucceſſion de l'ancien peuple, & ſe trouve réunie aux Prophêtes & aux Patriarches.

Ainſi tant de miracles étonnans que les anciens Hébreux ont vus de leurs yeux, ſervent encore aujourdhui à confirmer notre foi. Ce grand Dieu qui les a faits pour rendre témoignage à ſon Unité & à ſes perfections, que pouvoit-il faire de plus authentique pour en conſerver la mémoire, que de laiſſer entre les mains de tout un grand peuple des actes qui les atteſtent, rédigés ſuivant l'ordre des tems? C'eſt ce que nous avons encore dans les Livres de l'Ancien

Teſtament, c'eſt-à-dire, dans les Livres les plus anciens qui ſoient au monde; dans des Livres qui ſont les ſeuls de l'Antiquité, où la connoiſſance du vrai Dieu ſoit enſeignée, & ſon culte preſcrit, dans des Livres que le Peuple Juif a toujours réligieuſement conſervés. Il eſt certain que ce peuple eſt le ſeul qui dès ſon origine ait connu le Dieu Créateur du Ciel & de la Terre, le ſeul par conſéquent qui puiſſe être dépoſitaire des Secrets Divins. Auſſi les a-t-il conſervés avec des attèntions qui n'ont point d'exemples. Les Livres que les Egyptiens & les autres peuples appelloient divins, ſont perdus il y a longtems, & à peine nous en reſte-t-il quelque mémoire confuſe dans les Hiſtoires anciennes. Les Livres Sacrés des Romains, où Numa, Auteur de leur Religion, en avoit écrit les myſteres, ont péri par les mains des Romains mêmes; & le Sénat les fit brûler comme tendans à renverſer

la

la Religion. Ces mêmes Romains ont à la fin laiſſé périr les Livres Sibyllins ſi longtems révérés parmi eux comme prophétiques, & où ils vouloient qu'on crût qu'ils trouvoient les Décrets des Dieux immortels ſur leur Empire, ſans pourtant en avoir jamais montré au Public, je ne dis pas un ſeul volume, mais un ſeul Oracle. Les Juifs ont été les ſeuls dont les Ecritures Sacrées ont été d'autant plus en vénération, qu'elles ont été plus connues. De tous les Peuples anciens ils ſont le ſeul qui ait conſervé les monumens primitifs de ſa Religion, quoiqu'ils fuſſent pleins des témoignages de leur infidélité & de celle de leurs ancêtres. Et aujourdhui encore ce même Peuple reſte ſur la Terre, pour porter à toutes les Nations où il a été diſperſé, avec la ſuite de la Religion, les miracles & les prédictions qui la rendent inébranlable.

Quand Jeſus-Chriſt eſt venu, envoyé par ſon Pere pour accomplir les promeſſes de la Loi, il a confirmé ſa Miſſion & celle de ſes Diſciples par des miracles nouveaux, qui ont été écrits avec la même exactitude. Les Actes en ont été publiés à toute la terre; les circonſtances des tems, des perſonnes, des lieux, ont rendu l'examen facile à quiconque a été ſoigneux de ſon ſalut. Le Monde a examiné, le Monde a cru; & pour peu qu'on veuille conſidérer les anciens monumens de l'Egliſe, on avouera que jamais affaire n'a été jugée avec plus de réflexion & de connoiſſance.

Mais dans les rapports qu'ont enſemble les Lives des deux Teſtamens, il y a une différence à remarquer, c'eſt que les Livres de l'ancien Peuple ont été compoſés en divers temps. Autres ſont les temps de Moïſe; autres ceux de Joſué & des Juges, autres ceux des Rois; autres ceux où le le peuple a été tiré d'Egypte, & où il a reçu la Loi, autres ceux où il a été rétabli par des miracles éclatans. Pour convaincre l'incrédulité d'un peuple attaché aux ſens, Dieu a pris une longue étendue de ſiecles, durant lesquels il a diſtribué ſes miracles & ſes Prophêtes, afin de renouveller ſouvent les témoignages ſenſibles, par lesquels il atteſtoit les vérités ſaintes. Dans le nouveau Teſtament il a ſuivi une autre conduite. Il ne veut plus rien révéler de nouveau à ſon Egliſe après Jéſus-Chriſt. En lui eſt la perfection & la plénitude; & tous les Livres Divins qui ont été composés dans la Nouvelle Alliance, l'ont été du tems des Apôtres. C'eſt-à-dire, que le témoignage de Jéſus-Chriſt, & de ceux que Jéſus-Chriſt même a daigné choiſir pour témoins de ſa Réſurrection, a ſuffi à l'Egliſe Chrêtienne. Tout ce qui eſt venu depuis l'a édifiée, mais elle n'a regardé comme purement inſpiré de

Dieu que ce que les Apôtres ont écrit, ou ce qu'ils ont confirmé par leur autorité.

Ajoûtons que, dans cette différence qui se trouve entre les Livres des deux Testamens, Dieu a toujours gardé cet ordre admirable, de faire écrire les choses dans le tems qu'elles étoient arrivées, ou que la mémoire en étoit récente. Ainsi ceux qui les savoient, les ont écrites; ceux qui les savoient ont reçu les Livres qui en rendoient témoignage; les uns & les autres les ont laissés à leur postérité comme un héritage précieux; & la pieuse postérité les a conservés.

C'est ainsi que s'est formé le Corps des Ecritures Saintes tant de l'Ancien que du Nouveau Testament; Ecritures qu'on a regardées dès leur origine, comme véritables en tout, comme données de Dieu même, & qu'on a aussi conservées avec tant de Religion, qu'on n'a cru pouvoir sans im-

impiété les altérer dans les moindres choſes.

C'eſt ainſi qu'elles ſont venues jusqu'à nous, toujours ſaintes, toujours ſacrées, toujours inviolables, conſervées les unes par la Tradition du Peuple Chrétien, d'autant plus certaine qu'elle a été confirmée par le ſang & par le martyre tant de ceux qui ont écrit ces Livres Divins que de ceux qui les ont reçus.

Mais allons plus loin. Ce Livre Divin eſt entre nos mains; ouvrons-le & voyons ce qu'il contient. Bornons-nous à l'Evangile; puiſqu'il ne ſauroit être vrai & divin, ſans que le Canon des Juifs ait les mêmes caracteres. Aſſurément *), ſi l'Ecriture Sainte du N. Teſtament étoit lue dans les diſpoſitions d'eſprit & de cœur où doit être tout homme qui cherche ſincé-

*) Voyez la Préface générale du N. Teſtament de Mrs. de Beauſobre & Lenfant, pag. 150. & ſuiv. de l'Edit. d'Amſterdam. 1741.

ſincérement la vérité & la ſainteté, on oſe aſſurer qu'il n'y a, ni Juif, ni Payen, ni autre Infidele, ni même Libertin, qui ne trouvât qu'elle eſt toute propre à manifeſter les vertus de l'Être ſouverainement parfait, auſſi bien qu'à remplir tous les beſoins de l'homme, & que ceux qui ont écrit ce Livre n'ont pû le faire de leur chef.

Le Juif embraſſeroit avec avidité une Doctrine, qui, comme l'Ancien Teſtament, nous enſeigne l'Unité d'un Dieu, & nous défend ſévérement toute ſorte d'Idolatrie. Il accepteroit avec joye un Médiateur, qui le délivre du joug que l'autre Médiateur lui avoit impoſé. Ouvrant les yeux ſur les vues de la Loi Cérémonielle, qui ſont découvertes dans le Nouveau Teſtament, il ne ſeroit pas ſurpris qu'elle ait été abrogée. Et autant que ſon état précédent l'avoit fait ſoupirer après la venue du Meſſie, autant la conſidération de ſon état après la ruïne

ruïne de Jerusalem & de son Temple, auquel le Culte Divin étoit attaché, autant, dis-je, cette considération le convaincroit-elle que le Messie est venu. Le Gentil d'un autre côté ne trouveroit rien d'étranger dans la Doctrine de l'Unité d'un Dieu, puisque les plus sages des Payens ont trouvé de l'absurdité dans la pluralité des Dieux, & qu'il y a même lieu de croire que Socrate a été une espece de martyr de l'Unité d'un Dieu. Il semble aussi qu'il ne seroit pas plus difficile aux Payens de recevoir Jesus-Christ comme le Médiateur entre Dieu & les hommes, que de donner, comme ils le faisoient, cette fonction aux Démons, c'est-à-dire, aux demi-Dieux ou aux ames des Héros. Le scandale de la Croix seroit levé fort aisément par la méditation de la Justice & de la Miséricorde Divines, qui y paroissent avec tant d'éclat; le Juif se convertissant à Jesus-Christ, au lieu de partager le crime de ses Ancêtres, en recueilliroit les précieux fruits; le Gentil, qui avoit recours à tant de ſacrifices pour l'expiation de ſes péchés, adoreroit la ſageſſe de Dieu qui a permis l'attentat des Juifs pour l'expiation des péchés du genre-humain.

Tous les hommes en général, de quelque ordre & de quelque Religion qu'ils ſoient, ne devroient regarder qu'avec un profond reſpect & une religieuſe admiration, un Livre qui porte ces deux caractères; l'un qu'il leur offre un bien, dont la Nature a imprimé en eux le déſir ineffaçable, c'eſt le ſouverain bonheur? l'autre que, pour les y conduire, il ne fait que les ramener à la Religion du cœur, & aux principes de le leur propre conſcience, n'exigeant rien d'eux qu'ils ne ſe duſſent à eux-mêmes, quand il n'y auroient point de Loi, s'ils vouloient faire un bon uſage de leur Raiſon. Où trouvera-t-on un Livre, qui enſeigne un Culte plus digne

digne tout ensemble, & de la Divinité & de la Créature raisonnable? Il est simple, dégagé de toute Cérémonie & de toute pratique qui n'a rien de saint en soi-même, ou qui ne conduit pas à la Sainteté. Mais il est en même tems grand & noble. Il consiste à aimer par dessus toutes choses l'Etre souverainement aimable, & à lui témoigner cet amour par une obéissance pure & sincere à tous ses commandemens. Avoit-on jamais vû auparavant un Corps aussi complet des devoirs de l'homme tant envers Dieu, qu'envers soi-même, & envers le prochain? L'ami y voit avec ravissement l'équité naturelle délivrée de l'oppression où les passions déréglées l'avoient si longtems retenue. Les obligations naturelles & indispensables à la justice, à la miséricorde, à l'amour fraternel, à la tempérance, à la modération dans l'usage des biens à la constance dans les maux, à la patience dans les afflictions, à la rési-

résignation dans toutes sortes d'épreuves, toutes ces obligations, dis-je, & plusieurs qui contribuent à notre perfection & à notre bonheur, y sont établies avec la dernière évidence, appuyées sur les plus puissans motifs.

Cette Religion Celeste, non contente de régler les actions extérieures, va jusqu'au fond du cœur pour y faire régner la Sainteté. La lumiere naturelle avoue ce qu'elle ordonne même de plus rigide, & de plus insupportable à la corruption du cœur. Car qu'est-ce que renoncer à soi même, sinon dépouiller un amour propre aveugle & désordonné, qui nous livre à la fougue de nos passions, & qui nous perd, pour revêtir un amour-propre sage, légitime, également salutaire dans le tems & dans l'éternité. Le Martyre & la Croix n'entrent pas directement dans le plan d'une Religion toute destinée au bonheur de l'homme; mais la Raison elle-même veut que nous perdions la vie, &, s'il étoit

étoit possible, que nous souffrions même mille morts, plutôt que de trahir Dieu, & de renoncer à notre salut par des actions criminelles. Quand la Religion ordonne au Crêtien de bénir ses ennemis, n'est-ce pas une soûmission due aux ordres de la Providence, qui permêt que nous soyions exposés à leurs attaques? D'ailleurs, en nous prescrivant de pardonner les injures, & d'user de charité envers nos plus injustes aggresseurs, l'Evangile prévient les vengeances particulieres qui ne servent qu'à désoler la Société, il laisse aux Magistrats leurs droits, mais sur tout au Souverain Maître un droit dont il est à juste titre jaloux. En un mot, il n'y a point de Législateur qui, voulant former une Société bien réglée & la rendre heureuse, eût pu choisir des Maximes plus propres que celles du Christianisme au bien public, à celui des particuliers, aussi bien qu'à porter les sujets à une obéissance constante

&

& une fidélité inviolable, parce que ces dispositions ne peuvent avoir leur source que dans le cœur. De cette maniere la Religion Chrêtienne a un avantage qu'aucune autre ne possede, au moins à ce degré, c'est que par les mêmes Maximes elle assure la félicité des hommes pour cette vie & pour la vie à venir.

On ne peut à la vérité contester à quelques Sages du Paganisme la gloire d'avoir enseigné une fort belle Morale. Mais elle étoit toujours defectueuse à quelques égards; & il n'y en a aucun d'entr'eux qui n'ait autorisé quelque vice. La Morale Chrêtienne n'en épargne aucun; elle condamne même jusqu'aux apparences du mal. Mais ce qu'il y a d'essentiel, est que la Morale des meilleurs d'entre les Philosophes Payens péchoit dans les principes; ce n'étoit qu'une simple honnêteté, par laquelle ils tendoient à leur propre utilité, à leur propre satisfaction, à leur propre gloire, sans aucun

aucun rapport à la gloire de l'Etre tout ſaint. En un mot, il n'y avoit aucune Sainteté dans leurs vertus : ou bien, s'ils avoient deſſein de plaire aux Dieux, l'objet étant faux, les vertus l'étoient auſſi. Ils manquoient, avec cela, de motifs ſuffiſans pour rendre les hommes conſtans dans la pratique de ces devoirs dont ils faiſoient une ſi belle peinture. Séné-que parle magnifiquement du mépris du monde ; mais il ne perſuade pas, parce qu'on ne voit ni le motif, ni la preuve de fait de ce mépris. La Raiſon nous apprend bien à ne pas abuſer des biens temporels, en nous livrant aveuglément à nos paſſions, parce que tout excès deshonore, & ruïne infailliblement de maniere ou d'autre. Mais, s'il n'y a point d'autres biens que ceux du monde, c'eſt orgueil, ou ſimplicité, de les mépriſer. La Morale des Apôtres ſe ſoutient parfaitement. Elle ne défend l'uſage des biens du monde, qu'auqu'autant qu'il mêt obſtacle à la poſſeſſion des biens du Ciel, & à la pratique de la Sainteté, qui en eſt le chemin. En un mot elle eſt fondée ſur ce principe du bon-ſens, de préférer ce qui eſt ſtable & certain à l'inſtabilité même, ce qui eſt éternel à ce qui n'eſt que paſſager & périſſable, & de ſacrifier un avantage médiocre à un avantage infini.

La Morale des Ecrivains Sacrés a encore une grande prérogative ſur celle des Payens, c'eſt que ces derniers ne s'accordent pas dans l'idée qu'ils donnent de la Vertu. Il paroît par leurs variations, ou qu'ils ſe ſont fait un ſyſtême de vertu ſelon leur propre génie, ou qu'ils ont eu des Maîtres différens. Mais les Apôtres ont été ſi uniformes, ſans ſe conſulter, qu'on voit bien qu'ils n'ont eu qu'un même Maître, & le plus excellent de tous les Maîtres.

Un homme attentif n'aura pas de peine à tirer la conſéquence qui naît

de

de toutes ces réflexions; c'est que les Auteurs de ces Livres qui contiennent une Doctrine & une Morale si complettes dans toutes leurs parties, si parfaites dans leurs dégrés, si proportionnées à tous les besoins de l'homme, ont dû être inspirés par celui qui, ayant fait l'homme, sait parfaitement comme il le faut gouverner.

De la véracité & de la fidélité des Ecrivains Sacrés sortent comme d'une source abondante & pure, plusieurs vérités importantes. Si les Ecrivains Sacrés n'ont rien avancé que de vrai, le Recueil de leurs Ecrits est un Livre Divin, puisqu'ils témoignent avoir eu une vocation divine à enseigner ce qu'ils ont annoncé. Si les Ecrivains Sacrés du N. Testament n'ont rien annoncé que de vrai, la Religion Chrêtienne est véritable; & par conséquent il y a un bonheur éternel attaché à la foi & à la piété, & une éternité malheureuse réservée à l'inl'incrédulité & à l'impénitence. Enfin ſi les Ecrivains du N. Teſtament n'ont dit que la vérité, toute autre Religion eſt ou fauſſe, ou abrogée. Cette derniere idée eſt remarquable, parce qu'elle nous fait voir comment les Ecrivains du N. Teſtament, en rendant témoignage à la vérité de l'Ancien, n'ont pas laiſſé de montrer qu'il n'avoit plus lieu, au moins par rapport à la Loi Cérémonielle.

Mais c'eſt aſſez conſidérer les Diſciples, élevons nos regards jusqu'au Maître; fixons-les ſur le *Chef & le Conſommateur de notre foi.* Quel caractere que celui du Sauveur? Ne renferme-t-il pas ſeul une démonſtration de la Vérité & de la Divinité de la Religion?*) Ce ſeroit faire tort à Jeſus-Chriſt que de le comparer avec ce qui a fait l'admiration de tous les

*) Voyez Abbadie. *Vérité de la Religion Chrétienne.* Tom. II. p.73. & ſuiv. de l'Edition d'Amſt. 1729.

les ſiecles.*) Que l'on prenne ce qu'il y a de mieux écrit en fait de Vies & d'Eloges, les Narrations qui ont été compoſées avec le plus d'art, les Panégyriques qu'on a mis pluſieurs années à polir; qu'on raſſemble toutes les idées de vertu que la conduite des Hommes illuſtres & l'eſprit de ceux qui les ont loués avec le plus de zele & d'habileté, peuvent fournir; qu'on fonde enſemble les Catons & les Ariſtides; qu'on épure même leurs vertus en les ſéparant de leurs défauts, & qu'on leur prête toutes les bonnes qualités diſperſées ailleurs; je ſoûtiens que toutes ces idées n'approcheront point de la perfection que les Evangéliſtes nous font concevoir dans Jeſus-Chriſt, ſans hyperbole & ſans art, par le récit le plus ſimple & le plus naïf de ſes actions. On n'a qu'à ſuivre le fil de ſa vie & peſer ſcrupu-

*) M. Rouſſeau le développe lui-même plus bas avec une énergie qui nous empêche d'y inſiſter autant que nous pourrions le faire.

leuſement toutes ſes démarches, pour voir ſi l'on peut y trouver une ombre de vice, le moindre veſtige des paſſions humaines. Sondez, examinez le cœur humain; vous n'en tirerez jamais des vertus, telles que ſont celles de Jeſus-Chriſt.

Comment croit-on que le Fils éternel de Dieu a dû vivre, ſuppoſé qu'il ſoit venu au monde, ſi ce n'eſt comme Jéſus-Chriſt? Quel langage doit-il avoir parlé que celui de Jéſus-Chriſt? Quelles vertus doit-il avoir pratiquées que les vertus de Jéſus-Chriſt? Quelle charité doit-il avoir fait éclater que celle de Jéſus-Chriſt? Et à qui en un mot aura-t-il dû reſſembler ſi ce n'eſt à cet Homme en qui nous ne trouvons point l'homme, mais où brillent toutes les vertus d'un Dieu, cachées ſous le voile d'une chair infirme?

Quels diſcours ſur tout que les ſiens? Il parle d'une maniere ſimple & noble, digne de la ſageſſe éternelle de Dieu, & accommodée à la foible

ble portée des hommes. Lisez ce Sermon excellent qu'il fit aux troupes sur la montagne; examinez la solidité des réponses qu'il fait à tous ceux qui l'interrogent, la beauté des Maximes qu'il ne cesse de prononcer, & qui semblent toutes sortir du sein de la piété & de la charité.

Oui, si l'on considere la maniere dont Jésus-Christ parle, *) soit lorsqu'il nous révéle les Vérités Célestes, soit lorsqu'il nous préscrit nos devoirs, soit lorsqu'il nous fait ses grandes & précieuses promesses, on se trouvera de plus en plus confirmé dans la persuasion de cette vérité, que *jamais homme ne parla comme lui.* On ne lui entend point faire de ces raisonnemens subtils & rafinés, plus propres à faire connoître l'étude de celui qui parle, qu'à instruire & à persuader ceux qui écoutent; on ne lui voit point employer ce bien-dire par excel-

*) Voyez les Sermons de M. la Treille, Tome I. pag. 52. & suiv. & lisez tout le Sermon, d'où cette Citation est tirée.

cellence, ces termes pompeux, ces comparaiſons forcées, ces mouvemens outrés, dont les Livres des Philoſophes ſont pleins. Il parle ſimplement, naturellement, ſans faſte, ſans oſtentation, s'accommodant à la portée de tout le monde, empruntant les images des choſes les plus communes & les plus familieres; mais en même tems on ſent que *ſes paroles ſont eſprit & vie;* qu'elles ont une force à laquelle il eſt impoſſible de réſiſter; qu'elles ſont animées d'un feu qui fait que *notre coeur brule au dedans de nous*, lorsque nous l'écoutons; que *perçantes comme une épée à deux trenchans, elles atteignent jusqu'à la diviſion de l'ame & de l'eſprit, des jointures & des moelles.*

Quand ce Docteur Céleſte nous parle de Dieu & des choſes divines, il le fait avec une facilité qui ne permêt pas de douter un ſeul moment que ces choſes ne lui ſoient parfaitement connues. Il en parle avec une Majeſté digne de Dieu; mais en même me tems avec une clarté & une évidence, qui les rend ſenſibles aux plus ſimples d'entre les hommes, toutes ſpirituelles & ſublimes qu'elles ſont. Quand il donne ſes Préceptes, il le fait avec une force qui les rend reſpectables, & une condeſcendance qui les rend aimables. Il n'imite point ces lâches prévaricateurs, qui n'oſent dire la vérité, ou qui ne la diſent qu'avec de grands adouciſſemens, de peur de s'attirer la haine de ceux qui les écoutent. Il ne ménage perſonne lorſqu'il s'agit des intérêts de Dieu & de la Religion, il n'a pas plus d'égard pour les grands que pour les petits; il enſeigne la voye de Dieu en vérité, parce qu'il ne conſidere point la qualité des perſonnes. Il parle, il commande en Maître qui veut être obéi, & au lieu que les Prophêtes ſe contentoient de parler au nom de Dieu: *Ainſi a dit l'Eternel*, il parle en ſon propre nom; *mais moi je vous dis*. Quand il nous promêt la vie éternelle, le, il le fait comme en étant le maître & le dispensateur, comme en tenant cette vie entre ses mains, comme pouvant la donner à qui il lui plaît, mais en même tems il nous sollicite fortement à l'accepter. Dans tous ses Discours on sent qu'il n'a point de plus ardent désir que de nous rendre heureux; *c'est de l'abondance de son coeur que sa bouche parle*, offre, promêt. En un mot *la grace est répandue sur ses levres*, & ses propres ennemis *s'étonnent des paroles pleines de sagesse & d'autorité qui sortent de sa bouche.*

Les miracles sont le sceau de la Mission des hommes divins; & ceux qui ont été opérés dans l'une & dans l'autre Oeconomie, ont tous les caracteres qui peuvent produire la conviction. On ne peut les nier, sans montrer une mauvaise foi que n'ont pas eue les Juifs & les Payens; on ne peut affecter de les confondre avec les faux prodiges qui ont séduit quelquefois les hommes, sans déraisonſonner de la maniere la plus abſurde; on ne peut enfin refuſer d'admettre les conſéquences qui en réſultent en faveur de la Doctrine, ſans heurter les premieres notions, les principes de tout raiſonnement & de toute certitude.

Mais on ſe retranche ici dans l'embarras apparent que cauſe l'eſpece de cercle, en vertu duquel, après avoir prouvé la Doctrine par le miracle, il faut prouver le miracle par la Doctrine, de peur de prendre l'Oeuvre du Démon, pour celle de Dieu. Répondons à cette difficulté *).

Il y a des miracles **) qui ſont des preuves certaines de vérité; & il y en

 a qui

*) M. R. la croit téraſſante. *Que penſez-vous*, dit-il, *de ce dialele?* Et dans la Note ſur cet endroit, il reproche *des ſubtilités au Chriſtianiſme*, & prétend que Jéſus-Chriſt a eu tort de promettre le Royaume des Cieux aux ſimples, puiſqu'ils ne ſauroient ſe démêler de ſemblables diſtinctions.

**) Voyez *la Religion Chrétienne, prouvée par*

a qui ne ſont pas des preuves certaines de vérité. S'il n'y en avoit jamais qui fuſſent joints à l'erreur, il y auroit certitude pour eux ſans autre diſcuſſion, comme il y auroit certitude contraire, s'il n'y en avoit jamais qui fuſſent joints à la vérité. Par conſéquent il faut une marque infaillible qui en découvre la différence. Autrement ils reſteroient toujours équivoques, inutiles, & incapables de déterminer. Or ils ne ſont pas inutiles, puiſqu'ils ſont des fondemens de croyance. Quelle ſera donc cette regle? C'eſt de diſcerner les miracles par la Doctrine. Les miracles ſont des piéges, quand ils appuyent le menſonge; ils ſont preuves, quand ils ſecondent la vérité connue. En voici la démonſtration.

Il eſt impoſſible que Dieu employe ſa puiſſance, ou qu'il en permette l'uſage, contre lui-même. Rien n'eſt plus

par les faits, par M. l'Abbé Houtteville. Edit. de Paris, 1740. en 3 vol. *in* 4. Tom. III. p. 139. & ſuiv.

plus évident. Or il seroit auteur de ce désordre s'il faisoit, ou s'il permettoit des miracles qui combattissent la vérité connue ; car la fin principale des miracles est de servir de témoignage à la vérité, & la vérité ne peut se combattre elle-même. Donc, si Dieu faisoit, ou s'il permettoit des miracles opposés à la vérité connue, ces miracles se tourneroient contre lui ; ses attributs agiroient contre d'autres attributs ; sa puissance contre sa véracité : ce qui est visiblement absurde. Donc il est impossible que Dieu fasse des miracles en faveur du mensonge connu. Donc ces miracles, quand il en arrive, sont ou faux, ou des tentations, ou les œuvres d'un esprit malin, ennemi de Dieu & des hommes. C'est aussi cette regle si simple, mais si féconde & si belle que Moyse donnoit aux Juifs : *s'il s'éleve*, disoit-il, *au milieu de vous un Prophête, ou quelqu'un qui dise qu'il a eu une vision en songe, & qu'il qu'il présage quelque chose d'extraordinaire; si ce qu'il a dit, arrive & qu'il ajoûte en même tems: Allons, suivons des Dieux étrangers qui vous étoient inconnus, & servez-les; gardez-vous d'écouter les paroles de ce Prophête, ou de cet inventeur de songes & de visions, parce que le Seigneur votre Dieu vous éprouve, afin qu'il paroisse, si vous l'aimez.* Il est clair par-là que la Doctrine doit servir au discernement des miracles, & que, pour juger s'ils sont ou ne sont pas de Dieu, il n'est question que d'observer si ce qu'ils autorisent, est conforme, ou contraire, aux notions soit naturelles, soit révélées. Or, si l'on parcourt tous ceux qui se sont faits hors du sein de la Synagogue & de l'Eglise, on trouvera qu'ils introduisoient, ou servoient à maintenir la pluralité des Dieux, des fables grossieres, la licence des mœurs, & des impiétés manifestes. Ces miracles n'étoient donc point de Dieu, puisqu'ils s'opposoient au regne de la

vérité

vérité connue; & les hommes, en raiſonnant, il eſt vrai, mais ſans avoir beſoin de s'enfoncer dans des raiſonnemens abſtraits, ne devoient pay y croire.

Mais quoi! Si la Doctrine diſcerne les miracles, les miracles ne diſcernent donc point la Doctrine, & il étoit inutile à Jéſus-Chriſt d'en faire tant en preuves de la ſienne? Ne précipitez point votre jugement. L'un & l'autre eſt véritable ſans ſe contredire. Il faut que la Doctrine donne du poids aux miracles, & que de leur côté les miracles appuyent la Doctrine; s'il y a dans cette propoſition quelque reſte d'obſcurité, il eſt aiſé de l'éclaircir.

Les miracles par eux-mêmes, nous l'avons déjà reconnu, ne ſont point des preuves infaillibles de la vérité, puiſqu'ils accompagnent quelquefois l'erreur; d'un autre côté la Doctrine, quand elle a quelque choſe d'extraordinaire, ne ſauroit toujours ſuffire à

ſe

ſe démontrer elle même. Donc pour lever tous les doutes, il faut deux choſes. Premierement, que ce qu'il y a d'extraordinaire dans la Doctrine, ne ſoit pas en contradiction avec les vérités dont l'eſprit a déja une connoiſſance évidente; ſecondement, que ce que la Doctrine renferme au délà de ces vérités évidentes, ſoit prouvé par des miracles. En ce cas les miracles tirent leur force de la Doctrine, & la Doctrine juſtifie les miracles. Ces conditions, comme on le voit, ne ſont point oppoſées, ne s'excluent point. Tout au contraire, elles ſe prêtent un ſecours mutuel; & leur union conduit la vérité au plus haut dégré de démonſtration qu'on puiſſe déſirer. Achevons d'en convaincre tous ceux qui pourroient conſerver quelque doute à cet égard.

Les Juifs avoient la Doctrine de Moyſe, Doctrine divine, & confirmée par de nombreux miracles. Cette Doctrine défendoit expreſſément de de croire aux prodiges faits en témoignage d'une Doctrine contraire: elle ordonnoit de recourir au Grand Pontife dans le cas du doute, & d'acquiescer à sa décision. Vous conclurez peut-être delà que les Juifs ne devoient croire ni à Jésus-Christ ni à ses Apôtres; & moi j'en tire une conséquence tout opposée en suivant cette gradation de raisonnemens.

Que demandoit Jésus-Christ? Que l'on crût qu'il étoit le Messie. Il en prenoit le titre. Mais comment juger qu'il n'étoit pas un trompeur? L'Ecriture portoit, il est vrai, qu'en certain tems viendroit un grand Prophête, & que c'étoit lui qu'il falloit écouter. Mais le Texte qui le prédisoit n'étoit pas si clair qu'on ne pût s'y méprendre dans l'application. Il falloit donc, pour en recevoir l'intelligence recourir au Grand-Prêtre. Mais comment le Grand-Prêtre lui-même pouvoit-il infailliblement décider? Car enfin Jésus-Christ pouvoit

être

être le Liberateur promis, & pouvoit aussi ne l'être pas. Devoit-il s'en rapporter aux miracles? Oui, mais non pas aux miracles seuls. On en avoit tant vû favoriser l'erreur. Devoit-il juger par la Doctrine? Oui, mais non par la Doctrine seule. Elle étoit le point même dont il étoit question. Pour sortir de cet embarras, ce qu'il falloit donc faire étoit de juger de la Doctrine sur les miracles, & des miracles par la Doctrine. Or la Doctrine de Jésus-Christ prouvoit que ses miracles étoient de Dieu, parce qu'elle étoit conforme à la Doctrine de Moyse, Doctrine elle-même autorisée par tant & de si grands prodiges; & ses miracles prouvoient sa Doctrine, parce qu'il prouvoient la vérité des explications qu'il donnoit aux passages douteux des Prophêtes.

Si Jésus-Christ n'eût fait que des miracles sans retenir les vérités déjà reçues, sa Mission eût été fausse, ses miracles trompeurs; & s'il n'en eût point

point fait, ce qu'il ajoûtoit au délà des articles reçus, demeuroit suspect & sans preuve. Mais en appuyant, comme il a fait, l'un par l'autre, il mettoit en évidence les tîtres de sa Mission, & coupoit toute difficulté jusques dans la racine. On ne pouvoit alors & on ne peut aujourdhui, en faire que d'injustes, & par un opiniâtre aveuglement.

Un examen plus particulier, & pleinement détaillé des miracles du Sauveur, ne pourroit que convaincre de plus en plus qu'ils ont été à tous égards tels qu'ils devoient être pour le mettre en droit de les prendre, comme il le fait si souvent, pour des garans irrécusables de sa Doctrine & de sa Mission, pour demander que, si l'on ne croit pas à ses Discours, on croye à ses Oeuvres. Les Juifs les plus endurcis, les plus rebelles, en sentoient bien la force, lorsqu'ils disoient: *Cet homme fait beaucoup de miracles; & si nous le laissons faire, tout le* *le monde croira en lui.* La nécessité de ces miracles, pour établir le Christianisme, leur évidence & leur notoriété, leur nombre & leur grandeur, l'obligation de croire en un Ministre qui justifioit son autorité par de semblables Oeuvres, sont autant d'idées qu'il est aisé de développer d'une maniere aussi convainquante pour l'esprit que touchante pour le cœur *).

Mais toutes ces discussions sur les miracles ne feront pas faire de grands progrès aux Ennemis de la Religion dans l'entreprise qu'ils ont formée de de la détruire tant que le fondement inébranlable de cette Religion demeurera à l'abri de tous leurs efforts. Tant qu'ils ne pourront invalider le fait décisif de la Résurrection du Sauveur, tous les genres de certitude se réunis-

*) C'est ce qu'a fait *M. de Bausobre* dans ses *Sermons sur la Résurrection de Lazare.* Lisez en particulier les Sermons XXXIV-XXXVIII.

réunissent en faveur de ce fait, & le conduisent au plus haut dégré d'évidence. C'est ici qu'il est pleinement impossible que Dieu ait revêtu l'imposture de tous les caracteres de la vérité.

Quand on considere les témoins qui déposent de la Résurrection du Sauveur*), on voit qu'ils sont en nombre plus que suffisans, qu'ils rapportent ce qu'ils savent par eux-mêmes, que le tour qu'ils donnent à leur témoignage est équivalent aux Sermens les plus solemnels, qu'ils attestent la Résurrection de Jésus-Christ, dans le lieu même & le plutôt qu'il se peut, & qu'ils donnent à leur témoignage le plus grand éclat, prenant soin d'en informer tout le monde de la maniere la plus solemnelle.

*) Voyez *la Religion Chrêtienne démontrée par la Resurrection de N. S. Jésus-Christ*, par M. Ditton, trad. par M. A. D. L. C. Amst. 1728. & *les Témoins de la Résurrection* par M. Scherloc, trad. par M. Le Moine.

nelle. Ces témoins avec cela ſont tous ſans tache & d'une vertu non ſuſpecte. On ne ſauroit imaginer le moindre intérêt temporel qu'ils euſſent à rendre ce témoignage: au contraire tous les préjugés de la naiſſance & de l'éducation devoient les en détourner, s'ils avoient quelque peu de conſcience; ni la Religion dans laquelle ils avoient été élevés, ni celle qu'ils prêchoient, ne leur permettoit d'avancer une impoſture ſemblable. Or il eſt clair comme le jour, que les témoins de la Réſurrection de Jéſus-Chriſt avoient de la conſcience, c'eſt-à-dire, qu'ils n'étoient, ni ſcelérats, ni athées. On ne ſauroit même douter qu'ils ne fuſſent très-ſincérement & très-pleinement convaincus de la vérité de ce qu'ils prêchoient. Il eſt de la même évidence qu'ils n'ont été des viſionnaires & des foux.

Tel eſt leur caractere vrayment irrécuſable; mais il n'y avoit d'ailleurs

dans

dans leur ſituation aucun moyen propre à faire réuſſir l'impoſture; & rien ne put prévenir en leur faveur que la force de la vérité. Auſſi cette force exiſtoit-elle au plus haut dégré: elle offroit à l'eſprit tous les caracteres requis pour l'évidence morale. Leur témoignage eſt ſi complet que le rejetter, c'eſt nier tout ce qui conſtitue cette évidence. On eſt entraîné dans les plus étranges abſurdités quand on s'attache à la ſuppoſition que la Réſurrection du Sauveur ne fut qu'une trame heureuſement ourdie, un complot juſtifié par le ſuccès.

Il faut croire qu'une mépriſable troupe d'indignes fripons, ſortis d'une Nation & d'une Religion également haïes, ſans ſavoir, ſans expérience dans les affaires, ſans éloquence & déſtitués de tous les talens qu'on eſtime & qui plaiſent, l'emporterent ſur tout l'eſprit, ſur tout le pouvoir & ſur toute l'adreſſe du monde; & qu'en prêchant une Religion très-mépriſée,

 in-

incroyable, directement opposée aux passions & à l'intérêt temporel des hommes, à leurs Religions, à leurs Coûtumes, à leur Raison, à leurs Systêmes Philosophiques, ils la répandirent pourtant si bien d'un bout de la Terre à l'autre, qu'il n'y eut presque point de Nation, qui, en tout ou en partie, ne la reçut comme une Révélation Divine, & comme l'unique moyen du salut.

Que si l'on prend simplement les Apôtres pour des gens dont l'esprit étoit foible, ou le cerveau dérangé, il faut croire qu'ils tirerent de la seule force d'une imagination échauffée tous les secours qui produisirent des effets si surprenans; ou bien que cette quantité prodigieuse de gens qui se rendirent à leur prédication, étoient encore plus foux qu'eux; qu'ils se laisserent surprendre par l'enthousiasme le plus insensé; qu'ils reçurent des extravagances pour des raisons; qu'un tissu de mensonges palpables leur

leur parut un ſyſtême démontré; que tant de gens éclairés, Savans, Philoſophes, Magiſtrats, crurent trouver des preuves où il n'y en avoit point, de la clarté dans ce qui étoit ténébreux, de la grandeur, de la majeſté, dans un vain aſſemblage de mots prononcés par de pauvres fanatiques, qui les prononçoient au haſard, & qui n'y attachoient point d'idées.

Il faut croire enfin qu'une des plus grandes & des plus mémorables révolutions qu'il y ait eu dans le monde, fut produite ſans aucuns moyens naturels qui y convinſſent, ou ſans aucune aſſiſtance ſurnaturelle. C'eſt ici où nous ſommons; nous conjurons les Déiſtes de rentrer en eux-mêmes, de faire uſage de leur jugement, & de ne pas renoncer à toute bonne-foi. Ils voudroient ſe débarraſſer des miracles, & anéantir ſur-tout celui de la Réſurrection du Sauveur. Tous leurs efforts ſont inutiles;

les; mais, quand ils ſeroient efficaces, croiroient-ils être au bout de leur tâche? Non ſans contredit; ils n'auroient fait au contraire que ſe préparer une difficulté plus inſurmontable que toutes les autres; ils ſeroient obligés d'admettre ou un miracle plus grand que tous ceux qu'ils rejettent, ou la plus inſoutenable de toutes les contradictions, c'eſt la prédication de l'Evangile & les ſuccès dont elle a été accompagnée, la propagation rapide & univerſelle du Chriſtianiſme, ſans qu'il ait exiſté aucune cauſe qui puiſſe expliquer ces faits, on plutôt malgré le concours de toutes les cauſes propres à étouffer le Chriſtianiſme au berceau, & à faire diſparoître pour jamais la créance de ſes Dogmes de deſſus la face de la Terre.

Le dernier ordre*) de Jéſus-Chriſt à ſes Apôtres étoit celui-ci: *Vous me ſer-*

*) Voyez le *Traité de la Vérité de la Religion*

ſervirez de témoins par toute la Terre. Allez donc inſtruire & batiſer toutes les Nations, & enſeignez-leur à garder tous les Préceptes que je vous donne. La commiſſion eſt belle; mais qui ſont ils pour l'exécuter? L'oſeront-ils? Le pourront-ils? Appartient-il à des gens comme eux de s'élever contre les préjugés de toutes les Nations, de lutter tout-à-la fois contre la puiſſance & la fauſſe ſageſſe du monde, de s'ériger en Reformateurs de l'Univers? Mais ce qui leur manquoit en eux-mêmes, Dieu le leur donne; il les rend ſages de ſa ſageſſe, & forts de ſa force. Jéſus leur communique & leur tranſmêt ſon pourvoir ſurnaturel. Le ſymbole extérieur dont il accompagna ces dons intérieurs le jour de la Pentecôte, ſervoit à les aſſurer de la réalité de la choſe. Car il ſeroit trop dangereux de juger de l'in-

gion Chrêtienne par M. Vernet, Tome IV Sec. Edit. Gen. 1751. p. 351. & ſuiv.

l'inſpiration par un ſentiment intérieur, ſouvent équivoque; il y a plus de ſureté quand un ſigne viſible & miraculeux ſe joint au ſentiment. Auſſi l'état des Apôtres ne reſſembloit-il point au trouble & à l'émotion des enthouſiaſtes, ou de ces Devins du Paganiſme, qui effectoient d'être ſaiſis & mis hors d'eux-mêmes par l'inſpiration de leur Dieu*). Tout étoit grave & calme chez les Apôtres, parce qu'une vraye inſpiration ne doit point reſſembler au fanatiſme. C'eſt une ſorte d'illumination, qui rend la vue de l'eſprit plus étendue & plus nette, & le ſentiment des vérités celeſtes plus vif, ſans troubler les ſens. Elle conſiſtoit principalement chez les Apôtres à avoir toujours préſent à l'eſprit ce qu'ils avoient ouï de leur Divin Maître, à l'enſeigner fidélement

*) *Bacchatur vates, magnum ſi pectore poſſit Excuſſiſſe Deum.*

Virg. Aen. Lib. VI. v. 78. 79.

lement & ſans mélange d'erreur, à montrer une patience & un zele infatigable, à faire des miracles, comme leur Maître en avoit fait, & à être comme ſes ſubſtituts pour élever l'édifice dont il avoit jetté lui-même les fondemens.

Moyennant un tel ſecours les Apôtres & les premiers Diſciples du Seigneur Jéſus atteſterent hautement ſa Réſurrection, & enſeignerent tout ce qu'ils tenoient de lui avec non moins de force & de ſuccès, qu'il auroit fait lui-même, s'il étoit reſté ſur la Terre. On les vit aller en divers lieux, inſtruiſant les Juifs & les Payens, édifiant tout le monde par leur exemple, & prouvant la vérité de l'Evangile, non *avec les tours étudiés de l'éloquence humaine, mais avec une démonſtration d'eſprit & de vertu Divine, afin que la Foi* des Chrêtiens *ne fût pas appuyée ſur la ſageſſe des hommes, mais ſur la puiſſance de Dieu.*

Qui

Qui oséroit dire après cela que Jésus-Christ n'ait point paru avec assez de gloire? Les grands du monde brillent pendant le court espace de leur vie; mais ont-ils les yeux fermés? leur puissance tombe, leurs projets s'évanouissent; tout est enséveli avec eux. Le regne du Messie est tout différent. Obscur pendant sa vie, il brille dans la suite des âges. Qui l'eût vû dans l'état abject où il se montra alors, auroit dit que son nom alloit bientôt s'éteindre avec lui & que la seconde génération n'en entendroit plus parler. Cependant voilà plus de dix-sept siecles écoulés, & non seulement on parle de lui, mais on bénit son nom jusqu'aux bouts de la Terre. Ce Jésus tout pauvre qu'il a paru, ce Jésus si indignement rebuté, foulé aux pieds, crucifié, a pourtant fondé un Empire plus étendu & plus durable qu'aucun de ceux dont l'Histoire fasse mention. Sa parole retentit en tous lieux; plusieurs

Rois

Rois jettent leur Couronne à ſes pieds; la Croix eſt devenue un trophée.

Ah! ne nous laſſons pas d'admirer un ſpectacle ſi beau, ſi grand, ſi divin! Malgré tant d'obſtacles*) qui s'oppoſent à l'établiſſement de l'Evangile, malgré la nouveauté étrange de cette Doctrine & ſon incompatibilité avec les idées & les inclinations des hommes, malgré l'attachement des Peuples pour leur Religion, malgré le ſoin empreſſé des Magiſtrats pour arrêter le cours de toute innovation, malgré les liens & les tribulations qui ſe preſentent partout, malgré la violence des perſécuteurs & la cruauté des Bourreaux, malgré l'extrême foibleſſe des Apôtres; ces Docteurs ſi peu conſidérables à toutes ſortes d'égards, ne laiſſerent pas de ſe faire écouter par des milliers de perſonnes, qui embraſſent avidement leur Doctrine, qui

*) *Sermons de la Treille.* Tom. I. p. 473. 474.

qui ſouffrent la mort pour elle avec une conſtance inébranlable, & même avec une vive allégreſſe. A ne regarder que le deſſein en lui-même, il renferme déjà quelque choſe de ſurnature[1]. Entreprendre d'attaquer non-ſeulement la Religion de ſon propre pays, mais toutes les Religions du monde, de changer la face des Empires, des Royaumes, des Républiques, des Villes, de tous les Etats, eſt-ce un deſſein qui puiſſe tomber dans des ames de boue? Saints Apôtres, pardonnez cette expreſſion, nous ne l'employons que pour rélever la gloire de notre commun Maître! Jamais les Alexandres & les Céſars formerent-ils d'entrepriſe plus grande, plus hardie, plus difficile! Mais que ces gens de néant, après avoir formé le deſſein, l'exécutent; qu'ils aillent hardiment, déclarer la Guerre au monde idolâtre, ſuperſtitieux, corrompu, qu'ils confondent les Philoſophes, qu'ils faſſent

ſent taire ſes Orateurs, renverſent les idoles, abattent les Synagogues, ſurmontent les plus cruels tourmens & la mort même, amenent non-ſeulement les corps, mais les cœurs & les penſées même priſonnieres à leur Maître; qu'ils perſuadent aux peuples de les ſuivre au travers des feux & des ſupplices; ne faut-il pas s'aveugler ſoi-même, pour ne pas voir là le bras de l'Eternel, qui ſe révele d'une maniere également ſenſible & efficace?

Dira-t-on que la Religion de Mahomet ſe répandit autrefois avec autant de rapidité que l'Evangile, qu'elle occupe aujourd'hui des Contrées fort étendues, & que ſes ſectateurs témoignent pour elle autant & peut-être, plus de reſpect que les Chrêtiens pour la leur *)? Mais quel rapport cet événement peut-il avoir avec les

*) „Si les Turcs„ dit M. R. exigent de nous „pour Mahomet, auquel nous ne croyons „point

les progrès de l'Evangile? Qui ne ſait que Mahomet, pour attirer les Gentils, retint une partie de leurs ſuperſtitions; que pour ſe concilier les Juifs, il adopta la Circonciſion & diverſes autres Cérémonies Moſaïques, que pour gagner les Chrêtiens, il diſoit du bien de Jéſus-Chriſt & en parloit comme d'un grand & excellent Prophête? D'un autre côté la Religion de Mahomet eſt une Religion de chair & de ſang; pluſieurs vices y paſ-

„point, le même reſpect que nous exigeons pour Jéſus-Chriſt, des Juifs qui „n'y croyent pas davantage, les Turcs ont-„ils tort, avons-nous raiſon? Sur quel „principe équitable réſoudrons-nous cette „queſtion?“ Ces paroles peuvent-elles avoir été écrites avec réflexion? Mahomet pourroit-il ſoûtenir le moindre paralelle avec Jéſus-Chriſt? Pour en juger, je me contente d'inviter M. R. à faire ſur cet Impoſteur un morceau où il en parle comme il a parlé de Jéſus-Chriſt, & à auſſi bon droit. En eſſayant d'y travailler, il ſe fera à lui-même une réponſe plus efficace que toutes celles qu'on pourroit lui faire.

passent pour des vertus; la volupté & les plaisirs des sens en font toutes les promesses. Enfin Mahomet a prêché sa nouvelle Doctrine à la tête d'une bande de furieux comme lui; il employoit d'abord les promesses, ensuite il y faisoit succéder les menaces & les tourmens. Est-ce dans un tel homme qu'il faut chercher quelque ressemblance, quelque rivalité avec le Fondateur de notre Sainte Religion?

Qu'en pensez-vous à présent de cette Religion, dont nos Incrédules modernes affectent de parler avec tant de mépris, & qu'ils se plaisent à représenter non seulement comme l'ouvrage des hommes, mais même comme un ouvrage grossier où la fiction est manifeste, qui ne mérite aucune attention, & qu'il faut abandonner à cette vile populace qui reçoit tout aveuglément & avidement? Oseroient-ils dire, ces adversaires si peu mesurés dans leurs expressions,

 qu'aqu'ayant lû & examiné l'Evangile, ils l'ont condamné: & ne peut-on pas leur soutenir avec confiance, que s'ils l'ont lû, ils ne l'ont pas examiné, parce que s'ils l'avoient examiné, ils ne l'auroient pas condamné? Eux qui exigent les plus profondes connoissances, l'érudition la plus consommée dans le moindre fidele, comment osent-ils avec des lumieres aussi superficielles que le sont les leurs, avec une ignorance souvent crasse, & avec une mauvaise-foi qu'ils daignent à peine déguiser*), entrer en lice avec tout ce qu'il y a jamais eu de personnages respectables par l'étendue de leur savoir & par la solidité de leur jugement? Si ce cœur n'étoit pas le

*) Qu'on lise l'Ouvrage de Bentley, intitulé *la Friponnerie Laïque;* on y verra la preuve de ces assertions. Il seroit aisé d'en faire de pareils sur les Ecrits de nos Incrédules Modernes les plus célébres. *L'Essai*, par exemple, *sur l'Histoire Générale* est un tissu de bévues & de sophismes.

le principe de ces inconſéquences, il y a longtems qu'elles auroient pris fin. Mais malheureuſement les paſſions vicieuſes ſeront toujours, ſi je puis m'exprimer ainſi, ennemies nées de la Religion, & font illuſion à ceux qu'elles poſſedent, au point de leur perſuader qu'il ſuffit de ſouhaiter que la Religion n'exiſte pas pour venir à bout de réaliſer ce ſouhait.

Montrons leur encore une fois l'impoſſibilité de ce projet en réuniſſant tous les caracteres qui rendent cette Doctrine Celeſte auſſi éclatante pour les yeux de tous ceux dont le Dieu de ce Sicle n'a pas aveuglé l'entendement, que l'Aſtre du jour l'eſt pour les hommes qui n'ont pas eu le malheur de naître aveugles, ou de le devenir *).

*) Je concentre ici les onze Tableaux par lesquels M. Abbadie a terminé ſon Traité, Tome II. p. 338. & ſuiv.

Quand on considére d'abord l'amas des témoignages qui ont été rendus à la Religion Chrêtienne, on ne peut que s'en faire une très-haute idée, puisque la Sagesse de Dieu n'auroit pas pris la peine de réunir tous ces témoignages en faveur d'un objet de peu d'importance. Il faut bien que l'établissement de l'Evangile dans le Monde ait été d'une nécessité décidée & du premier ordre, puisque Dieu a frayé tant de routes pour arriver à ce but, puisque le Ciel & la Terre, le passé & le présent, les événemens qui suivent le cours ordinaire de la Nature, & ceux qui sont surnaturels & miraculeux, les Prophêtes enfin & les Apôtres, sans se connoître les uns les autres, s'accordent à nous faire connoître & admirer la grace salutaire clairement révélée à tous les hommes.

La Religion Chrêtienne gagne beaucoup à être mise en opposition avec toutes les autres. Aucune Religion

ligion n'a les avantages qu'elle possede, tandis qu'elle est exempte des defauts qui sont dans toutes les autres Religions. Celles-ci se sont formées peu à peu des imaginations de diverses personnes qui y ont apporté des changemens successifs. Le Christianisme est tout entier en Jésus-Christ, tout entier dans chaque Evangile, tout entier dans chaque Epître des Apôtres. Un silence mystérieux, des ténébres affectées régnent partout ailleurs. Les Apôtres ne voilent, ne déguisent rien; & quoiqu'ils sentent que l'Evangile paroît une folie aux hommes, chacun d'eux donne fidélement ce qu'il a reçu. Dans le Paganisme la Religion des Philosophes & celle du Peuple sont en contradiction: l'Evangile les réunit: plus élevé que la Philosophie des sages, il ne laisse pas d'être à la portée des simples. Les autre Religions conduisent l'homme de l'esprit aux sens: le Christianisme les ramene des sens à l'esl'esprit. Les autres Religions tendent à abaisser Dieu & à élever l'homme; le Christianisme éleve Dieu & abaisse l'homme, l'humilie & le confond par l'abyme qu'elle lui découvre entre la Divinité & lui. Les autres Religions concilient l'amour du monde avec celui de Dieu; le Christianisme montre l'impossibilité de cet accord, & pose pour principe fondamental qu'il faut ou s'attacher à Dieu en renonçant au monde, ou renoncer à la grace divine en lui préférant les biens temporels. Les autres Religions ont voulu que la Divinité ressemblât à l'homme; le Christianisme veut que l'homme porte l'image de Dieu, qu'il devienne parfait, comme son pere qui est aux Cieux, est parfait. Enfin les autres Religions sont des productions monstrueuses des plus polis & des plus habiles d'entre les hommes, au lieu que la Religion Chrétienne est une production admirable des personnes les

plus

plus ſimples & les plus groſſieres qui furent jamais.

Les effets de cette Religion ſont extraordinaires & vrayment divins. Elle rétablit la Société de la nature; car en uniſſant ſi étroitement les hommes par la charité, elle confirme cet amour naturel que nous appellons humanité. Elle détruit la Société de l'intérêt & celle de l'ambition, parce qu'elle anéantit toutes ces paſſions, qui étoient de faux principes d'union & d'intelligence. Elle confirme la Société Civile, nous ordonnant d'obéir à nos Supérieurs, de rendre à Céſar ce qui eſt à Céſar, & à Dieu ce qui eſt à Dieu. Enfin, au lieu que juſqu'à Jéſus-Chriſt on n'avoit vû dans le monde que des ſociétés de perſonnes extérieurement unies par le lien des loix Civiles, du Gouvernement, & des dégrés de proximité, mais intérieurement diviſés par les paſſions; Jéſus-Chriſt nous fait voir une ſociété de perſonnes extérieure-

 ment

ment divisées par la distance des tems & des lieux, & par la diversité des conditions, mais intérieurement unies par les liens d'une même foi, d'une même espérance, d'une même charité.

Si les effets de la Religion Chrétienne répondent à ses caracteres, sa fin ne répond pas moins parfaitement à ses effets. Il n'y en eut jamais de si desintéressée & de si pure. Tout y tend à mortifier les passions, & à rétablir les principes de droiture que la corruption avoit comme étouffés. Dans quels autres cœurs que dans ceux du Sauveur & de ses disciples monta jamais cette pensée de sanctifier le genre-humain? Qui est-ce qui prit jamais un si vif intérêt à ôter à l'orgueil ses illusions, à l'hypocrisie ses faux dehors, à l'amour propre son injustice, à la chair ses plaisirs illicites, à toutes les passions leur déréglement? Jamais le mensonge & l'imposture n'eurent une telle fin, ni un tel succès.

La

La proportion du Christianisme avec les besoins de l'homme n'est pas une chose moins frappante, ni moins intéressante. L'Evangile seul nous apprend à connoître l'homme & ses miseres; seul aussi il nous fournit les remedes qui peuvent le guérir. Il n'y a point d'autres moyens, d'autres ressources, qu'on puisse lui substituer; ni l'éducation, tantôt bonne, tantôt mauvaise, toujours défectueuse; ni les loix Civiles qui ne s'attachent qu'à régler l'extérieur; ni la Loi en général, qui augmente la malice au lieu de la détruire, étant comme une digue qui fait enfler le torrent; ni les bienséances humaines qui changent selon la diversité des pays; ni le respect qu'on a pour soi-même, idée trop métaphysique pour ne pas céder au sentiment du plaisir; ni la raison que les passions alterent si facilement; ni l'exemple des hommes qui menent ordinairement une vie fort déréglée; ni l'honneur du monde qui n'a soin que des apparences; ni la Philosophie, qui n'a point de motifs efficaces, ou qui les prend tous dans notre orgueil. La Religion Chrétienne produit seule une veritable vertu, en ôtant le masque à tous nos vices; elle fait cesser notre bassesse, en nous la montrant, & notre misere en nous en affranchissant; elle produit notre grandeur en nous humiliant; elle se proportionne à tous les états de la vie & ne laisse point de vuide dans notre cœur; elle nous sanctifie enfin & nous comble par-là d'une satisfaction inaltérable.

Les rapports de cette même Religion avec la gloire de Dieu ne sont pas un côté moins honorable pour elle. Elle est une fidele expression des vertus de l'Etre Suprême & de nos devoirs. Elle desabuse l'homme de toutes les fausses idées qu'on avoit conçues de la Divinité; en nous apprenant que Dieu est invisible, elle nous le fait voir, ne le dérobant aux

sens

ſens que pour le montrer à l'eſprit. Certainement il faut s'aveugler volontairement ſoi-même pour ne pas voir que la Religion Chrétienne n'eſt qu'un commerce très-pur & très-ſpirituel entre les perfections de Dieu qui ſe font ſentir à l'homme, & les ſentimens du cœur de l'homme, qui glorifient les vertus de Dieu. Ni la chair, ni le ſang, ni le monde, ni la nature, ni l'éducation, ni le raiſonnement, ne ſont pas des cauſes aſſez élevées pour avoir produit un effet ſi grand & ſi ſublime: on doit remonter à celui qui, ayant parfaitement connu les convenances de toutes choſes, a ſû que notre cœur étoit fait pour la gloire de Dieu, & que la gloire de Dieu devoit ſe peindre dans notre cœur par la Religion.

Nous avons déjà parlé de la Morale Evangelique; elle a un grand nombre de caracteres remarquables, ſur lesquels on ne peut réflêchir ſans reconnoître ſa divinité. Les Apôtres

tres annoncent des paradoxes plus ſurprenans que ceux des Stoïciens, mais mieux fondés. Des pêcheurs ſimples & groſſiers dans leur langage, débitent des Maximes auſſi élevées au deſſus de la portée ordinaire de l'eſprit que contraires aux penchans du cœur. L'amour propre a beau ſe plaindre de cette rigueur; les ſubterfuges auxquels il voudroit récourir pour éluder les préceptes qui l'incommodent, lui ſont interdits. Tous les vices viennent de l'orgueil ou de la ſenſualite. La Morale de Jéſus-Chriſt détruit celle-ci par les auſtérités de la repentance, & anéantit l'autre par les idées de la grandeur de Dieu, oppoſée à notre baſſeſſe. Toutes les vertus, mais des vertus véritables & ſolides, ſortent du principe de l'Amour Divin. Et ce qui mêt le comble à l'excellence de cette Morale, c'eſt que nous n'avons qu'à en ſuivre fidélement les regles pour arriver au parfait bonheur. Enfin,

pour

pour nous montrer que ce n'étoit pas là de simples spéculations, la sagesse divine a voulu que le plan en existât non-seulement dans les Livres du N. Testament, mais que le patron s'en offrît premiérement & parfaitement dans la vie du Sauveur, & en suite dans la pratique des premiers Fideles. Cet état, il est vrai, n'a pu subsister toujours dans l'Eglise; mais la sagesse de Dieu a permis qu'il y durât quelque tems, pour nous laisser entrevoir une image du Ciel sur la Terre, & pour confirmer par la beauté de cet exemple une Morale qui étoit déjà soutenue par de si puissans motifs.

En vain veut-on faire des Mysteres une objection; ils fournissent tout au contraire une preuve qui va de pair avec les autres. Ils ont un côté obscur; mais ils ont aussi un côté lumineux; & quand on s'arrête à celui-ci, on trouve que ces Mysteres sont grands, conformes à la nature des

des choſes dignes de Dieu, & très-étroitement liés avec les notions les plus ſaines de notre eſprit & les ſentimens les plus inaltérables de notre cœur *). Ce ne ſont point ici ces fables & ces réveries des Poëtes, que le cœur des hommes recevoit avec avidité, tandis que la raiſon les condamnoit. La création du Ciel & de la Terre par un Dieu tout-puiſſant, la rédemption du genre-humain par le miniſtre d'un Médiateur, le Sacrifice expiatoire de Jéſus-Chriſt, la rémiſſion des péchés, la Réſurrection des morts, la vie éternelle, ſont des objets également majeſtueux & raiſonnables. Leur perte entraîne néceſſairement celle de nos plus pures connoiſſances, & détruiroit même toutes les idées que nous nous formons de l'Etre Suprême; de ſa ſageſſe, de ſa

*) Liſez les *Mœurs des premiers Chrétiens* par M. *Fleury*, & l'Ouvrage du docte *Cave* ſur le même ſujet.

ſa bonté, de ſa juſtice. Les difficultés qui accompagnent les Myſteres, ſont à peu près, à l'égard de notre eſprit, le même effet que les afflictions font à l'égard de notre cœur; elles le ſoûmettent, elles le domptent. Mais il faut bien diſtinguer les difficultés qui viennent immédiatement de Dieu d'avec celles qui ſortent du cœur & de l'eſprit des hommes. Les ſens, l'éducation, la curioſité, la ſuperſtition, la Philoſophie, la Politique, l'éloquence, ſont autant d'inſtrumens dont nos paſſions ſe ſervent pour anéantir la ſoumiſſion que notre foi doit à Dieu, autant de moyens de ſecouer le joug divin. Les ſpeculations qui viennent de tous ces principes, tendent à affoiblir notre Foi, de même que les maximes des Caſuiſtes relâchés vont à anéantir la Morale, parce qu'il n'eſt pas moins dur à l'eſprit de croire, qu'au cœur de ſe mortifier. Cependant cette ſoumiſſion eſt naturelle, néceſſaire, raiſonnable, légi-

légitime. On ne s'y ſouſtrait que pour ſe jetter dans de vrayes abſurdités, dans des contradictions réelles.

La diverſité des Opinions & des Syſtêmes, les Sectes & les Héreſies ne doivent point non plus nous inquiéter. Si les Chrétiens s'entendoient, s'ils vouloient bien faire ce ſage diſcernement de la Philoſophie & de la Théologie qu'on leur a ſi ſouvent propoſé, s'arrêtant dans les bornes de la Révélation qui nous inſtruit de la choſe, & rejettant en matiere de Religion la Philoſophie qui en recherche la maniere, on verroit bientôt diſparoître les contrariétés apparentes, & toutes choſes ramenées à l'unité & à la ſimplicité de la Religion Apoſtolique.

La convenance de la Religion Chrétienne avec la Religion Judaïque, mêt fin à tous les doutes que l'imperfection de celle-ci auroit pu faire naître. Les uſages de tout ce qui eſt con-

contenu dans l'Ecriture du V. Testament peuvent être réduits à trois, & à préparer la venue du Messie, & à représenter son ministere & son œconomie comme dans un tableau anticipé. 3. à le caractériser de telle sorte qu'il fût impossible aux ames fideles de le méconnoître lorsqu'il seroit venu. Celui qui considérera l'Ecriture ancienne dans ces trois vues, n'y trouvera rien qui embarrasse sa Foi, & qui en lui découvrant les desseins de Dieu, & le grand plan de la Religion, n'ajoûte de nouvelles lumieres à celles qu'il a déjà. Toute la nouvelle Oeconomie est représentée dans l'ancienne. Le Legislateur, le Peuple, l'Alliance, le Médiateur, le service & la condition des Fideles, se voient dans les Livres de Moyse & des Prophêtes, comme dans un grand & magnifique Tableau, tracé des mains de Dieu même & exposé aux yeux de tous les siecles.

Enfin la Religion Chrêtienne n'eſt que le renouvellement & le rétabliſſement de la Religion naturelle conduite à ſa perfection. Cette ſainte Doctrine extirpe la corruption qui avoit altéré la nature; elle détruit le Paganiſme qui avoit horriblement défiguré l'idée & le culte de la Divinité; elle retrace les principes de droiture & d'équité que Dieu avoit mis dans notre cœur; elle fait naître la plus parfaite de toutes les unions, qui eſt celle de l'Amour & de la Charité; elle poſe pour fondemens inébranlables les vertus les plus ſolides, l'humilité, la tempérance, la ſageſſe; elle propoſe des motifs qui peuvent ſeuls balancer la force des objets ſenſibles; en un mot elle nous mêt ſeule en état de répondre à notre véritable deſtination.

Après toutes ces conſidérations, le Chrétien bien loin de ſe plaindre des obſcurités au milieu deſquelles il eſt obligé de marcher, doit plutôt re-

con-

connoître que la lumiere la plus pure & la plus ſalutaire, l'environne de toutes parts, lumiere des ſens, lumiere de la raiſon, lumiere des prophêties, lumiere des miracles, lumiere de connoiſſance & d'eſprit, lumiere de ſentiment & de cœur, lumiere ſur tout de cette Sainteté, qui eſt l'attribut par excellence de l'Etre Suprême devant le Trône duquel les Intelligences Céleſtes font retentir continuellement cet hymne, *Saint, Saint, Saint eſt l'Eternel des Armées.* Ne devons-nous donc pas dire que c'eſt ici l'Oeuvre de Dieu, & prier celui qui nous a fait la grace de connoître ſa ſainte Religion, de la graver profondément dans nos cœurs pour ſa gloire & pour notre ſalut & de la défendre contre les fauſſes ſubtilités de ſes ennemis?

Y a-t-il de la ſageſſe, quand on s'eſt une fois bien convaincu de l'excellence du Chriſtianiſme, en le conſidérant ſous toutes les faces qui ont

 été

été indiquées jusqu'ici? Y a-t-il de la sagesse à courir après les objections, à les multiplier avec complaisance, à les grossir avec soin, & sur tout à ne trouver point de plus douce occupation que celles de les répandre, & de les faire parvenir autant qu'il est possible, à la connoissance de tous les hommes? Quand la Religion auroit des défauts, seroit-ce le plus jeune des fils de Noé, qu'il faudroit imiter dans la conduite qu'ils tinrent envers leur pere? Mais ces défauts prétendus ne viennent que de suppositions adoptées gratuitement, & exagérées ensuite, comme si elles étoient également réelles & accablantes. Je n'en indiquerai que deux, qui sont les principes d'égarement les plus ordinaires de nos Incrédules modernes *).

La

*) Ce sont manifestement ceux de l'Auteur d'Emile. Dès qu'on les lui aura enlevés, tous ses traits s'amortiront.

La premiere, c'eſt qu'il faut une foi aveugle dans la Religion, que l'examen y eſt dangereux, ou même interdit, & qu'on ne ſe ſauve qu'en admettant tout ce qui eſt enſeigné par ceux qui ont charge de nous inſtruire. „Le Dieu que j'adore, s'é„crie-t-on, n'eſt point un Dieu de „ténébres; il ne m'a point doué d'un „entendement pour m'en interdire „l'uſage; me dire de ſoumettre ma „raiſon, c'eſt outrager ſon Auteur. „Le Miniſtre de la vérité ne tiranniſe „point ma raiſon; il l'éclaire.“ A qui s'adreſſent ces plaintes? Sur quoi ſont-elles fondées? Dieu n'a-t-il pas pris, ſi je puis ainſi dire, toutes les précautions néceſſaires pour les prévenir? L'Evangile contient-il quelque Précepte qui les autoriſe? Ceux qui ont annoncé cet Evangile dans ſon origine & qui l'annoncent encore aujourd'hui dans ſa pureté, n'inſiſtent-ils pas continuellement & fortement ſur la néceſſité de l'examen?

 Que

Que vouloit dire St. Paul lorsqu'il exhortoit les Thessaloniciens, *d'éprouver toutes choses, & de retenir ce qui est bon*, & lorsqu'il écrivoit aux Corinthiens *de juger eux-mêmes de ce qu'il disoit?* Pourquoi S. Jean s'exprimoit-il ainsi: *Mes bien aimés, ne croyez pas à tout esprit, mais éprouvez les esprits, s'ils sont de Dieu; car plusieurs faux Prophêtes sont venus au monde.* Certainement s'ils n'étoit pas permis aux particuliers de juger des choses contenues dans l'Ecriture, St. Paul n'auroit pas permis aux Galates de l'anathématiser, & d'anathématiser un Ange même, si ou lui, ou un Ange leur annonçoit un autre Evangile; & St. Luc n'auroit pas loué ceux de Bérée, de ce qu'après avoir entendu St. Paul & Silas, ils conféroient les Ecritures. Si les Juifs & les Payens n'avoient pas examiné ce que les Apôtres leur enseignoient, & qu'ils s'en fussent tenus aux décisions de leurs Docteurs, ils n'auroient jamais embrassé

braſſé le Chriſtianiſme. Ainſi c'eſt la voye de l'examen qui a établi cette Religion parmi les Juifs & les Payens. N'eſt-ce donc pas une injuſtice criante que de faire d'un Dogme particulier à une Communion Chrétienne, d'un Dogme inſoutenable, qui a été vrayment anéanti par les raiſonnemens des défenſeurs de l'examen, de faire, dis-je, de ce Dogme, une objection triomphante contre le Chriſtianiſme?

La ſeconde ſuppoſition que nous avons en vue, n'eſt pas moins deſtituée de fondement; c'eſt que Dieu imputera aux hommes la privation de connoiſſances qu'ils n'ont pu avoir, qu'il les punira de n'avoir pas cru à l'Evangile, lorsqu'il ne leur a pas été annoncé, qu'il moiſſonnera où il n'aura point ſemé & portera ainſi atteinte aux notions les plus évidentes de l'équité. „Votre Dieu n'eſt pas le nô„tre, s'écrie de nouveau celui qui „hait la Religion, parce qu'il ne la

 con-

„connoît pas, si tant est que ce ne „soit pas parce qu'il ne veut pas la „connoître. Celui qui commence „par se choisir un seul peuple, & „proscrire le reste du genre humain, „n'est pas le pere commun de tous „les hommes; celui qui destine au „supplice éternel le plus grand nom„bre de ses Créatures, n'est pas le „Dieu clément & bon que ma raison „m'a montré.“ A qui est-ce donc que Dieu a révélé ces affreux secrets? Est-ce lorsqu'il a déclaré à Israel, que *sa perte venoit de lui-même*, ou lorsqu'il a protesté, qu'il *ne vouloit point la mort du pécheur, mais sa conversion & sa vie?* S'il a dispensé ses graces librement, a-t-il dit qu'il vouloit lancer les carreaux de sa foudre sur tous ceux qui ne sont pas à portée de puiser dans les trésors de sa miséricorde? Ici encore faut-il confondre les systêmes, les explications de quelques Théologiens avec l'Evangile même, qui ne nous parle point d'élection & de de réprobation, de décrets & d'ordre de décrets, dans le ſens que ces Théologiens y attachent? Chaque Chrétien appellé à faire ſon ſalut, à y travailler avec crainte & tremblement, ne doit-il pas ſe remettre à Dieu de la déciſion de celui des autres, ſe repoſer pleinement ſur des perfections dont il a donné tant de preuves éclatantes; & s'il reſte encore quelques difficultés, s'arrêter ſur le bord de l'abyme, en diſant: *O profondeurs!*

Que reſteroit-il après cela à l'Incrédule pour ſa défenſe? Faiſons-le parler un moment, & tâchons de ne lui rien faire dire qu'il ait droit de déſavouer.

Le Chrétien).*

Seroit-il poſſible que vous perſiſtiez inébranlablement à méconnoître une évidence auſſi complette que celle qui réſulte de tout ce que vous venez

*) J'entens le Chrétien de nom & d'effet, qui joint aux connoiſſances ſolides des vertus pures.

venez d'entendre? N'auriez-vous point même une salutaire honte d'avoir si longtems combattu une Doctrine revêtue de tous ces caracteres?

*L'Incrédule *).*

Je conviens que je n'étois pas encore entré dans d'aussi grands détails, & qu'ils sont propres à m'inspirer du moins un Scepticisme qui m'empêche de décider dans un cas où le pour & le contre forment une espece d'équilibre.

Le Chrêtien.

Qu'appellerez-vous donc des cas décidés, si celui de la Religion ne l'est pas? Etes-vous aussi rigoureux, exigez-vous autant de preuves & de motifs, lorsqu'il s'agit d'ajoûter foi à des narrations humaines ou de vous déterminer dans les entreprises de la vie?

L'In-

*) J'entens l'Incrédule, qui se plaît dans son état, & plus particuliérement encore, celui qui dogmatise.

L' Incrédule.

Je conviens que La Religion Chrétienne, telle qu'on la représente dans les Ouvrages qui en parlent, a des beautés & des avantages, qui la rendent préférable aux autres Religions, & qui sont plus avantageuses au genre humain que les maximes de l'Incrédulité. Mais par malheur cette Religion n'existe que dans la théorie: on cherche en vain le pays des Chrétiens: il est dans le cas de l'Utopie.

Le Chrétien.

Quand ce pays n'existeroit pas, la vérité n'en seroit pas moins la vérité, & la vertu la vertu. Mais, s'il n'y a point de Contrée assez heureuse pour être uniquement habitée par de vrais Chrétiens, ne suffit-il pas qu'il y en ait un certain nombre dans les divers lieux où cette Religion est professée? Ne sont-ils pas la preuve vivante des fruits précieux de la Doctrine Evangélique? Leur conduite, leur exemple, ne tour-

tourne-t-il pas au bien de ceux qui en ſont les témoins ? N'eſt-ce pas le ſel qui préſerve quantité de Sociétés d'une entiere corruption ? N'eſt-il pas beau de vivre de leur vie, & de mourir de leur mort ?

L'Incrédule.

J'aimerois ſans doute mieux paſſer mes jours avec des gens qui auroient ces principes, & qui les ſuivroient fidélement qu'avec ceux qui n'ont aucuns principes. Mais je ne vois réellement pas ce qu'on gagne à vivre dans une Société Chrétienne. On y eſt expoſé à la violence & à la malignité des paſſions les plus pernicieuſes. Les Chrétiens ſe haïſſent, ſe déchirent : ils ſont orgueilleux, mondains, voluptueux, & leur Religion ne ſert qu'à en faire des hypocrites & des perſécuteurs.

Le Chrétien.

Tout cela eſt plutôt dit que prouvé. Je n'ai point diſſimulé que les Sociétés Chrétiennes ne ſont pas à beau-

coup

coup près telles qu'elles devroient être ; mais s'il y a du mal, si plusieurs vices y marchent presque la tête levée, comptez qu'il y en auroit bien davantage, en détruisant la Religion, & qu'elle sert encore de frein à bien des excès. Un petit nombre de bonnes âmes suffit pour empêcher le torrent du débordement de rompre toutes les digues. Les Loix qui maintiennent le Christianisme, préservent les hommes de tous les vices que cette Religion proscrit, ou ne leur permettent pas de les afficher aussi impudemment qu'ils le feroient sans cela. Oter l'Evangile, ce seroit véritablement mettre la lumiere sous le boisseau, & replonger les hommes dans ces ténebres qu'ils aiment beaucoup, parce qu'elles favorisent leurs mauvaises œuvres. La preuve de fait s'en trouve dans tous les Etats Chrétiens, où la Religion n'est pas aussi respectée qu'elle devroit l'être ; la licence des mœurs y fait des progrès continuels & rapides. *L'In-*

L'Incrédule.

Mais pourquoi la Religion semble-t-elle dépendre de son crédit, à mesure que le monde s'éclaire? Cela ne donne-t-il pas lieu de croire qu'elle tend à une décadence totale?

Le Chrétien.

Vous vous trompez beaucoup, & vous envisagez les choses sous le point de vue le plus illusoire. La Religion, il est vrai, n'a jamais été plus fortement attaquée, que depuis que les connoissanses humaines ont acquis une plus grande perfection; mais n'oubliez pas d'ajoûter qu'elle n'a jamais été plus fortement défendue, & qu'il n'y a point de comparaison à faire entre les Ecrits qui ont paru pour elle, & ceux qui existent contre elle. Si les attaques se sont multipliées, c'est que les hommes, généralement parlant, sont plus mauvais que bons, & que dès qu'ils acquierent quelque talent, quelque industrie, ils sont plus empressés à en tirer de mauvais usages

que

que de bons. D'ailleurs le rafinement, la politesse, le savoir, la Philosophie du siecle, n'ont servi qu'à attiser les passions, à irriter les désirs, à établir le regne de la mondanité. Dès lors la Religion devient plus incommode, & l'on redouble ses efforts pour s'en débarrasser. Mais ce n'est point là l'effet des progrès de la raison, & d'une saine Philosophie. Voyez, je vous prie, quel est le caractere moral de presque tous les Coryphées modernes de l'Incrédulité, sans parler de ceux dont la vie est un tissu de flétrissures, les autres sont presque tous des gens dominés par l'orgueil, par l'envie de se distinguer à quelque titre que ce soit, par un esprit d'impatience, d'inquiétude, d'aigreur & de révolte contre tout genre d'autorité; des hommes qui soutiennent les paradoxes les plus absurdes, tandis qu'ils nient les vérités les plus manifestes; de véritables ennemis de la tranquilité publique, qui, pourvû qu'ils mettent tout en fermen-

tation

tation & en combustion, ne respectent, ni les devoirs les plus importants, ni les liens les plus sacrés. Sont-ce donc là les guides qu'il faut choisir pour penser & agir raisonnablement, pour vivre sagement & heureusement? Un Prince sensé ne confieroit pas le maniement des moindres affaires à des personnes de ce caractere. Et elles veulent se rendre l'arbitre des Sociétés & du sort de tous les mortels?

L'Incrédule.

Je ne disconviens pas de la plûpart de ces défauts; mais je crois que je ne gagnerois pas grand'chose en me soûmettant à l'orgueil & à la tyrannie des Ecclésiastiques.

Le Chrêtien.

Vous vous jettez avec plaisir dans le lieu commun favori de votre Secte. On croit avoir tout dit, tout prouvé, quand on a déclamé contre le Clergé, & qu'on l'a dépeint des plus noires couleurs. Il n'est pas surprenant que les Ennemis de la Religion in-

insistent là-dessus, puisque les Laïques mêmes des Sociétés Chrétiennes croyent faire la plus belle œuvre du monde, quand ils donnent un coup de griffe ou de dent à leurs Conducteurs Spirituels *). Les fautes de ceux-ci sont des sujets de joye pour eux; leurs chûtes, des triomphes. Que signifie cela, sinon qu'on n'aime pas la Religion, & qu'on s'en prend à ceux qui la prêchent? Distinguons d'abord les tems & les lieux. Le Clergé à profité de circonstances trop favorables pour lui; il a envahi autrefois l'autorité & tous les avantages temporels; il en a abusé. Cela n'est pas merveilleux: les Ecclésiastiques sont des hommes: & ce qu'ils ont fait, quand ils l'ont pu,

*) C'est ce que j'observois, il n'y a pas longtems, à l'occasion de la derniere révolution de Russie. *Voyez, voyez le Clergé*, disoient des gens qui n'avoient pas la moindre idée de la véritable maniere dont les choses se sont passées, mais qui saisissoient avec avidité cette circonstance, pour dégorger des propos qui bouillonent sans cesse au dedans d'eux.

pu, les Laïques le font souvent, parce qu'ils le peuvent. Les choses ont bien changé: elles ont même passé à l'extrémité opposée dans la Communion Protestante*). Il ne faut plus parler de faits dont à peine il existe le moindre vestige. Pour faire disparoître cependant toute ombre de partialité, je conviendrai encore que le gros des Ecclésiastiques est sujet à tirer trop de vanité des foibles avantages qui lui restent, à s'enorgueillir ridiculement des moindres succès d'une Eloquence qui n'est destinée qu'à convertir, à sauver celui qui parle

*) „J'avoue qu'on peut avoir trop abaissé le „Ministere de la Religion. On l'a rendu dé„pendant, & par-là timide. On a d'ailleurs „mal pourvû à la subsistance de ceux qui l'ex„ercent, & en général on les a trop char„gés pour être en état de bien l'exercer. Mais „à Dieu ne plaise que je regrette qu'on leur „ait ôté des Jurisdictions séculieres, des „Principautés temporelles, tout ce qui peut „nourrir le luxe, la volupté, & servir d'ap„pas aux méchans pour s'intrûre dans le Mi„nistere Sacré. M. de Beausobre, dans le „XLII. Sermon sur S. Jean. XI. p. 347. & 348.

le & ceux qui écoutent; qu'il montre un esprit de domination, caché comme le feu sous la cendre, qui ne cherche qu'à éclater, toujours prêt à se prévaloir puérilement de tout ce qui peut donner quelque relief. Mais encore une fois ces défauts sont ceux de l'humanité; ils se trouvent dans tous les états, dans toutes les professions. Il s'agit seulement de savoir si ce sont ici les défauts inhérans & indélébiles de tous les individus, s'il n'y a point d'Ecclésiastique sage & sensé, pieux & humble, qui serve Dieu dans la pureté de sa conscience & dans l'intégrité de son cœur, qui ne se propose d'autre but dans l'exercice de son Ministere que de pouvoir dire un jour à Dieu: *Me voici, Seigneur, & les enfans que tu m'avois donnés.* Assurément il en a existé, il en existe encore de semblables, qui sont un véritable trésor pour les Troupeaux qui ont le bonheur de les posséder. Que les Incrédules s'adressent à eux, qu'ils

 pui-

puiſent les idées de la Religion chez eux, qu'ils leur demandent des conſeils & des directions; ils verront ſi le Clergé mérite la réprobation générale ſous laquelle ils voudroient le renfermer, & s'il eſt une cauſe ſuffiſante de s'éloigner de la Religion & de la haïr. Seulement, comme Dieu n'a voulu ni dû faire exercer le Miniſtere par des Anges, il ne faut jamais oublier que les Paſteurs ſont des hommes, que comme tels ils ſont expoſés à toutes les foibleſſes de l'humanité, & même que chargés de plus de fonctions, expoſés à plus de dangers que les autres, ils peuvent ſe relâcher, chanceler, tomber. Tout cela dans le fond ne fait rien à la Religion, aux preuves de ſa vérité & de ſa Divinité, aux caracteres qui doivent la rendre reſpectable & aimable.

L'Incrédule.

Quand je me rendrois à toutes ces réflexions, il y aura toujours une pierre d'achopement impoſſible à lever, une cauſſe qui nous rebutera, nous aigri-

aigrira, nous endurcira même, si vous le voulez; c'est la dureté, la rigueur, l'intolérance, les persécutions. Changez de système & de conduite à notre égard, peut-être qu'à la fin vous nous ramenerez.

Le Chrétien.

Ah! bon Dieu! est-il possible que cette plainte sorte de votre bouche, & que vous osiez vous croire fondé à la faire? Si l'intolérance a fait commettre des cruautés qui ont désolé & deshonoré l'Eglise, si elle siége encore aujourd'hui à côté des Inquisiteurs, pouvez-vous dire que vous en soyez les objets, & qu'on vous prive du moindre de vos droits dans les Etats où vous vous signalez aujourd'hui par des attentats qui avoient été jusqu'alors inouis! Ah! je crains bien plutôt qu'on n'ait trop longtems connivé à vos pernicieux desseins, & à vos audacieux efforts? C'est ce qui a enfin ouvert les bondes de ce déluge d'impiétés & de blasphêmes dont nous sommes inondés. Quand vous criez à la tolérance, penſez, je vous en conjure, à ce que vous faites & à ce qu'on vous fait. Vous venez inſulter de gayeté de cœur des gens qui profeſſent tranquillement une Doctrine, qui ne vous a jamais cauſé, & ne peut vous cauſer aucun mal, une Doctrine précieuſe à juſte titre à ceux qui s'y conforment, parce qu'elle eſt pour eux la ſource féconde d'une foule d'avantages temporels & ſpirituels. Vous les agacez, vous les tiraillez, vous les provoquez par toutes ſortes de voyes. Vous rempliſſez vos Ecrits de hauteurs arrogantes & d'ironies cruelles contre ceux qui ont la ſtupidité, ſelon vous, d'être religieux. Vous déſobéiſſez à toutes les Loix Divines & Humaines, qui vous preſcrivent des égards que vous accorderiez certainement aux inſtitutions les plus arbitraires en d'autres genres. Dans tout autre cas de pareilles déſobéiſſances ſont punies ſans rémiſſion; pourquoi voulez-vous qu'elles ſoient privilégiées dans le cas le plus intéreſſant de tous pour le bien public

public & particulier? Cependant, lorsque vous faites toutes ces choses, que vous fait-on? On vous prie de garder le silence; on vous l'ordonne, soit; mais n'est-on pas en droit de vous l'ordonner, & vous en coûteroit-il beaucoup de vous conformer à cet ordre? Des transgressions réitérées vous attirent quelques peines; mais avec quels ménagemens ne les dispense-t-on pas? Combien ne vous donne-t-on pas de têms & de moyens, non seulement pour faire des rétractions, (votre orgueil & votre infléxibilité ne le permettent pas,) mais pour pallier les plus mauvaises causes, pour adoucir les affaires les plus fâcheuses? Quels sont les fruits de cette douceur! Elle semble vous envenimer, redoubler votre acharnement, vous rendre furieux & désespérés. Vous vous armez du poignard le plus acéré, & vous vous efforcez de mettre en pieces tout Droit Divin & Humain. Vous vivez cependant, ennemis de Dieu & des hommes, vous vivez; vous jouïssez, pour la

 plû-

plûpart, du repos au milieu de ces Sociétés dont vous êtes les perturbateurs; on en voit parmi vous qui achevent dans l'opulence & dans les délices une carriere dont la fin est plutôt diabolique qu'humaine. Et c'est vous qui vous exhalez en plaintes & en reproches, souvent même en injures & en menaces. C'est vous, chose étrange, qui êtes les vrais intolérans, qui détestez la Religion & ceux qui y croyent, qui voudriez employer contre elle le sceptre & le glaive, & qui expireriez contens sur les débris. Etoit-il réservé à notre Siécle de voir un pareil bouleversement, des horreurs dont l'idée seule fait frémir? On fait des éditions multipliées d'Ouvrages, où Dieu est hautement & impunément outragé: & leurs Auteurs s'irritent contre la moindre apparence de Réponse, & de Réfutation. Est-ce donc là votre Evangile, & croyez-vous que nous ferions bien d'abandonner le nôtre pour y adhérer?

DE'-

DÉFENSE DE LA LEGISLATION OPPOSÉE A LA DOCTRINE DU CONTRACT SOCIAL.

Si l'homme venoit au monde en âge de force & de raison, maître de sa destinée, muni de tous les secours qui peuvent lui faire choisir & fixer son domicile où il lui plairoit, on pourroit lui donner des principes de conduite différens de ceux auxquels il est obligé de se conformer dans l'état ordinaire & actuel où il se trouve placé. Mais l'intention de la Providence est manifestement, que semblable à une plante qui se plaît

 dans

dans le terroir où elle est née, y jette ses racines, & y prend son accroissement, l'homme s'accoûtume de bonne heure au lieu de son origine, respecte les divers lieux qui l'attachent & le subordonnent à ceux avec qu'il vit, & s'occupe à prendre les arrangemens les plus propres à lui faire couler des jours aussi doux que le permettent les circonstances. Aussi voit-on qu'en général les Contrées les plus disgracieuses, soit du côté du climat, soit de celui du Gouvernement, ne laissent pas d'avoir des charmes pour ceux qui y sont nés, & y ont été élevés. Seroit-il plus expédient que chaque individu du genre humain, à l'entrée de sa carriere, parcourût le Monde entier pour comparer tous les lieux & tous les usages, afin de finir cette revue par un choix fait avec connoissance de cause? Outre qu'il n'y a qu'un très-petit nombre de personnes qui aient les moyens requis pour de pareilles courses, cela n'aboutirboutiroit qu'à faire des hommes inquiets, remuans, indécis, qui porteroient par-tout des étincelles de mécontentement & de divifion. Que de jeunes hommes voyagent, à la bonne heure, quoiqu'il y ait beaucoup de pour & de contre dans l'utilité de ces voyages. Mais le principal but de ces courfes doit être de rapporter chez foi un efprit fenfé, efprit dont le premier & le plus fûr caractere, c'eft d'être affectionné à fa Patrie, & de confacrer à fon avantage, tout ce qu'on a de connoiffances, d'induftrie, & de biens. Je n'interdis pas la liberté de changer de pays à des perfonnes qui fe trouvent dans certaines circonftances particulieres, affez rares & qui ne peuvent jamais convenir au gros des Citoyens. Les Savans, par exemple, fe tranfplantent pour profiter des lumieres dont d'autres régions font plus vivement éclairées que la leur, & de la protection diftinguée que des Souverains accordent aux Scien-

Sciences. Un particulier qui aura fait quelque grande fortune dans le Négoce, ou par voye d'héritage, choisira pour en jouir un séjour plus agréable ou qui lui plaît davantage que son domicile actuel. Mais hors de ces cas, & d'un fort petit nombre d'autres, chaque Citoyen n'a rien de mieux à faire que d'être bon Citoyen; & pour cet effet il faut qu'il aime sa Patrie, & qu'il s'y fasse aimer. Ce ne seront pas des discussions abstraites sur l'origine des Sociétés, ou des recherches inquiétes sur les défauts des Gouvernemens en général & de celui de son pays en particulier, qui le mettront dans ces dispositions auxquelles tiennent le repos public & le sien. Ceux qui étudient, & qui font spécialement de ces matieres l'objet de leurs études, peuvent s'y enfoncer jusqu'à un certain point; mais, s'ils ont l'esprit juste, ils verront bientôt que les principes originaires de la Société sont à peu près aussi cachés

que

que ceux des corps, les élémens dont la matiere eſt compoſée. Ils verront ſur tout que, comme l'explication des phénomenes ſenſibles ne ſauroit être déduite de la nature des élémens, de même on ne ſauroit ſe frayer une route qui ramene les diverſes formes & les modifications de toutes les Sociétés actuelles au Contract primitif, à l'époque de leur fondation. L'état de Nature eſt une chimere; il n'a jamais exiſté, & il ſeroit encore plus chimérique de vouloir l'introduire aujourd'hui, comme un moyen de refonte.

Si l'on veut donc partir de quelques points fixes, qui ſervent à débrouiller nos idées ſur ce ſujet, & ſur tout à régler notre conduite, voici comment l'on peut enviſager la choſe.

L'état de Société eſt indiſpenſablement néceſſaire à l'homme. Toutes les fictions d'hommes iſolés & ſe ſuffiſant à eux-mêmes, peuvent s'arranger dans le cerveau, & devenir des

Syſtê-

Systêmes; mais elles ne se réaliseront jamais. Le malheur sera toujours en raison des privations qu'éprouve un homme hors de la portée des avantages de la Société. Les Sauvages eux-mêmes, bien loin de former une Objection, se tournent en Preuve.

1. Parce qu'ils ont entr'eux une Société imparfaite, qui diminue les miseres de leur état; & ensuite, parce qu'ils menent cependant une vie très-déplorable aux yeux de tout homme sensé.

2. Le berceau des Sociétés se confond avec celui du monde. On ne sauroit donc en appeller à des conventions primitives, qui n'ont jamais été que tacites. Soit que les premiers Chefs aient employé la force ou la persuasion, quelle qu'ait été la mesure du consentement des Sujets, l'étendue des restrictions qu'ils ont stipulées, tout cela est enséveli à notre égard dans un abyme impénétrable; & quand on parviendroit à l'en tirer,

tout

tout cela ne nous ferviroit de rien. Nous fommes ce que nous fommes, & non ce que nous avons été. Il y a quelques différences dans la condition des Sujets, fuivant les Etats auxquels ils appartiennent; mais il feroit très-fâcheux, & pour eux & pour ces Etats, qu'ils fuffent toujours livrés aux comparaifons, aux calculs, & fur tout qu'ils prétendiffent avoir un droit rigoureux de faire rectifier tout ce qui leur paroît abufif & injufte.

3. Le grand fondement de la tranquilité publique, qui eft le premier de tous les biens temporels, c'eft que les Sujets aient de la confiance en ceux qui les gouvernent, & qu'ils refpectent leurs volontés, lors même qu'ils n'en fentent pas l'utilité, ou qu'ils croyent y découvrir des indices du contraire. La Religion Chrétienne eft bien raifonnable & devroit être bien chere aux Princes par cet endroit. Elle veut qu'on obéiffe à toutes les Puiffances fupérieures, & qu'on fe foumette aux Maî-

Maîtres temporels, lors même qu'ils ſont fâcheux. C'eſt la voix de la Raiſon, auſſi bien que celle de la Religion. De toutes les maladies d'un Etat, la plus dangereuſe ſeroit celle qui inſpireroit aux particuliers le déſir d'appeller des Médecins au ſecours.

4. Il y a eu ſans doute des Monſtres ſur le Trône; & dans les Gouvernemens qui ne ſont pas Monarchiques, la tyrannie à quelquefois pris le deſſus. Mais ce ſont des inconvéniens attachés aux choſes humaines, des maux qu'on ne pourroit prévenir, ou extirper que par d'autres maux plus grands encore. Ceux qui dans de pareils cas ont recours aux attentats, imitent le Suicide; c'eſt tuer l'Etat, pour le guérir, que d'y mettre le poignard dans la main des aſſaſſins. Les Tyrans font ſouffrir une partie de leurs Sujets, ordinairement la moindre; ils en font même périr quelques-uns: mais enſuite ils périſſent eux-mêmes, & les choſes reprennent leur aſſiette natu-

relle.

relle. Au lieu qu'en jettant tout d'un coup l'Etat dans l'Anarchie, il y resteroit peut-être longtems plongé, & accablé de tous les maux que la licence des Particuliers, bien plus redoutable que celle des Princes, entraîne à sa suite.

5. Il existe, à la vérité, des Etats qui ont l'avantage de posséder des préservatifs ou des remedes contre les excès de la Puissance Souveraine. Une Convention avec le Prince, qui a toute l'authenticité requise & qui subsiste dans toute sa force, mêt la Nation, ou ses Représentans, en droit d'arrêter le Prince, lorsqu'il veut franchir l'enceinte des barrieres, qu'on lui a prescrites; & tout ce qui se passe dans ces occasions, est censé légitime, lorsqu'en effet il est conforme à la teneur des Loix fondamentales. Les Etats qui sont ainsi réglés, passent pour les plus parfaits; cependant l'usage même de leurs droits est une chose délicate, dangereuse & sujette à bien des inconvéniens. L'Arrêt qui

fit porter à Charles I. sa tête sur un échafaut, étoit-il juste? Les Anglois, au lieu d'arriver par ce moyen à leur but, ne se trouverent-ils pas esclaves de Cromwel qui, s'il avoit vécu plus long-tems, ou s'il avoit laissé un fils qui lui ressemblât, les auroit pleinement asservis? Les Provinces-Unies & les XIII. Cantons ont revendiqué les Droits de leur Liberté & de leur Conscience avec un succès dont on ne sauroit contester la légitimité. Mais d'un côté il n'est peut-être pas aisé de bien déterminer où commence précisément l'exercice de semblables Droits; & de l'autre, il n'y a point de comparaison à faire entre les extrémités où ces Etats se trouverent réduits, & les abus, ou inconvéniens particuliers de quelques Gouvernemens, tels que seroient de trop grands impôts, des enrôlemens forcés, &c. Encore une fois il y a des gens à plaindre dans de pareils cas; mais l'Etat seroit infiniment plus à plaindre, si les plaignans se transformoient aussi-tôt en rebelles.

6. Quand

6. Quand donc il y auroit dans les motifs de la soumission des Sujets quelques idées un peu confuses, il vaut sans comparaison mieux les laisser subsister que d'y substituer des lumieres qui ne peuvent servir qu'à désoler les particuliers ou à bouleverser l'Etat. Les Livres où l'on dogmatise de cette maniere peuvent & doivent être prohîbés, tout comme ceux qui ébranlent les fondemens de la Religion, parce qu'avant toutes choses il importe à l'Etat qu'on ne s'y écarte jamais de ces grandes Maximes: *Craignez Dieu: Honorez le Roi.*

7. La puissance paternelle ne sauroit être mise dans un parallele exact avec la puissance suprême: elle n'en est point la source; & quand on prouveroit par des faits, que les peres des familles en sont devenus les Rois, cela ne meneroit à aucune conclusion. Un pere est digne du plus grand respect, & exerce l'autorité la plus légitime. Mais & ce respect & cette autorité different spécifiquement de ce qui est dû

aux Princes. Il faut que les enfans sortent de dessous la puissance paternelle, au lieu que les Sujets doivent demeurer toujours soûmis au Prince. Cela est fondé sur la différence des besoins auxquels se rapporte la sujettion. Les besoins de l'enfant cessent; ceux du sujet sont permanens.

8. C'est par conséquent une question frivole & fausse que d'examiner si l'Autorité Souveraine, née dans les familles, s'est perpétuée de race en race & de chef en chef, de maniere qu'elle dût être dévolue à un chef unique de tout le genre humain. Un pere peut vaquer au gouvernement & au soin de sa famille, parce que le nombre de ses individus le permêt, & parce qu'il vient un tems où ces individus n'ont plus besoin d'être soignés ou gouvernés. Mais il n'y a point de Chef, de Monarque, qui puisse suffire au Gouvernement du Monde entier. S'il y a un inconvénient réel dans les Etats Monarchiques, c'est celui de la trop grande multitude d'affaires & d'oc-

d'occupations, qu'entraînent des pays d'un vaste étendue. Mais un Prince sage y rémédie par le bon choix & l'exacte subordination de ceux à qu'il confie les différentes parties de l'administration publique.

9. L'Etat de sujettion est une simple limitation de la liberté, & ne sauroit être comparé à l'esclavage proprement dit. Tout ce qu'il y a, c'est que la limitation est plus étroite, plus forte, à l'égard de certains peuples qu'à l'égard d'autres. Mais, tout comme dans un seul Etat existent toutes les conditions, le grand & le petit, le riche & le pauvre, le maître & le domestique, de même dans la totalité des Etats se retrouvent tous ces caracteres; il y en a de grands & de petits, de riches & de pauvres, de libres & d'asservis. Cette variété me paroît entrer, aussi bien que la premiere, dans le plan de la Providence & contribuer à la beauté de l'Univers. Il n'y a point de conditions insupportables; peut-être même qu'il n'y en

a point de ſort inégales; la compenſation rémédie à tout.

10. Il n'exiſte point d'aliénation originaire dont on puiſſe ſoumettre la légitimité à une réviſion. Les Etats ſont parvenus ſucceſſivement, inſenſiblement, & par une ſuite de l'enchaînement des cauſes ſecondes, à la ſituation où ils ſe trouvent actuellement. Les uſurpations même, par laps de tems, ſont devenues des titres ſuffiſans de poſſeſſion. A qui appartient-il de convoquer tous les Peuples, & de faire plaider à tous les Souverains leur cauſe? Comment ſaiſir ou procurer un moment dans lequel ces deux Contractans, n'ayant plus de ſupérieur commun, reſteroient leurs propres juges quant aux conditions d'un Contract, qui d'ailleurs n'a jamais exiſté?

11. Il ſera toujours vrai de dire que les Princes ſont pour les Peuples. Il ſera toujours beau aux Princes de faire attention à cette vérité, & de la réaliſer. Mais s'ils avoient des Tuteurs, des

des Inſpecteurs, des Ephores, qui comptaſſent tous leurs pas, qui peſaſſent toutes leurs actions, & qui les obligeaſſent à ſuivre invariablement la route des Loix, ils ne ſeroient plus Princes, il n'y auroit plus de Souveraineté, ou bien elle ſeroit dévolue à ceux qui les tiendroient ſous cette tutelle, ce qui ne ſeroit que remettre le peuple dans les mêmes riſques. Tout dépend donc des circonſtances. Le Danemarc veut un Roi Deſpotique. Ce Roi le gouverne, & ſa domination eſt ſacrée. La Suede reprend à ſes Maîtres les Droits du Deſpotiſme: & il n'y a rien dans la forme préſente de ſon Gouvernement qu'on puiſſe blâmer. Que dans la ſuite des tems, les Rois de Dannemarc ſoient mis ſur le pied de ceux de Suede, & que ceux de Suede acquierent les prérogatives des Rois de Dannemarc, tout ſera également bien. Auguſte, Triumvir & Tyran devient en un clin d'œil Empereur & Pere de la Patrie. Où trouver au milieu de toutes ces révolutions un Corps Politique consistant, dans lequel on puisse balancer tranquillement les droits & les pouvoirs? Où déterrer cet Acte d'Association qui a déjà été enséveli à plusieurs reprises différentes sous les débris de plusieurs Gouvernemens successifs? C'est à peu près comme si l'on vouloit que les Romains eussent reproduit sous les Empereurs, ou qu'ils reproduisissent actuellement sous les Papes, les Actes de la Convention que fit Romulus avec la troupe de brigands qui fut renfermée avec lui dans la premiere enceinte de Rome.

12. C'est donc une démarche absurde que de venir, pour ainsi dire, le Contract Social à la main, voir ce que fait chaque Souverain dans ses Etats, & lui prouver qu'il ne peut agir que par des volontés communes & générales; rechercher les griefs de tous les particuliers, & leur mettre fortement dans l'esprit qu'un seul d'entr'eux ne sauroit être lésé directement par le Sauverain, qu'ils ne le soient tous

tous. Que les Etats qui ont des Chartres en vigueur, veillent à leur conservation, ils font bien, tant que la chose est possible; ils feront mal, dès que la liberté aura été obligée de céder à quelque opération rapide ou lente, qui l'aura détruite.

13. Autre est la théorie d'un Gouvernement parfait, que les imperfections humaines rendront toujours impossible, autre la théorie de la conduite qu'il faut tenir dans le Gouvernement quelconque où l'on vit. C'est être également insensé que de dire, je ne veux vivre que sous un Gouvernement parfait, ou je veux rendre parfait le Gouvernement sous lequel je vis. La sagesse consiste à dire: je veux m'accommoder à la forme de Gouvernement, établie dans l'Etat où la Providence m'a placé. Les situations des individus peuvent ensuite modifier cette résolution. Ceux qui ont voix en Conseil, & à proportion qu'ils l'y ont, peuvent dire: je veux rémédier à tel ou tel abus particulier

 qui

qui existe dans mon département ; ou même je veux réformer l'Etat, puisque j'en ai l'occasion, les moyens. Encore faut-il une profonde connoissance des affaires & une extrême circonspection pour réussir dans ces sortes d'entreprises.

14. Le Peuple peut-il aliéner son droit suprême? Peut-il le confier pour un tems? Peut-il se donner un Maître ou des Représentans? Questions vaines & superflues. Où est-il ce Peuple? qu'il paroisse. C'est un Peuple purement idéal, qui n'a jamais existé, qui n'existera jamais, & qui, s'il commençoit à exister, n'auroit qu'une courte durée. Au lieu de semer les dents de dragon qui produisent les hommes armés & acharnés à s'entredétruire, emblême de ceux qui couvrent la Terre, qu'on répande la semence d'hommes raisonnables & pacifiques, qui forment de concert le plan d'un Société, où la proportion continue entre le Prince & le Peuple soit une conséquence de la nature de l'E-

l'Etat. Le siécle d'or de cette Société sera-t-il de longue durée? Il a fallu supposer un miracle pour son origine; il en faudra un pour sa conservation. Le désintéressement, l'amour de l'ordre & du bien public, régneront dans tous les membres de cette Société, de maniere que le Contract Social soit toujours présent à leur esprit, & gravé dans leurs cœurs. Mais en supposant des hommes tels que nous, (& l'on n'est pas en droit d'en supposer d'autres,) les fermentations naîtront, la discorde troublera cette Société, l'équilibre sera rompu & les choses prendront le train qu'elles ont toujours pris depuis que le Monde est Monde pour nous, c'est-à dire, depuis les tems dont l'Histoire nous a conservé le souvenir.

15. C'est donc avec beaucoup de raison que M. de Montesquieu n'a pas voulu remonter plus haut que le Droit Positif des Gouvernemens établis. Cet illustre Ecrivain a fort bien senti qu'il n'existe réellement rien au delà, parce

ce qu'on ne sauroit bâtir aucun systême sur l'origine des Sociétés & leurs Droits Primitifs, auquel on ait, je ne dirai pas le pouvoir, mais même le droit de ramener les Etats actuels. Chacun de ces Etats est ce qu'il est, sans qu'aucun d'eux soit obligé de justifier pourquoi il est ainsi. Remonter à l'esprit de leurs Loix, développer les principes de leurs progrès & de leur décadence, c'est ce qu'on peut faire de plus utile pour eux, & même à la rigueur tout ce qu'on peut faire. Jamais aucune Puissance Souveraine, Monarchique, Aristocratique, ou Démocratie, n'ira chercher dans Grotius, dans Puffendorff, dans Hobbes, & dans les Modernes, les principes abstraits d'où ces différens Ecrivains partent, les disserter & les comparer, pour régler ensuite l'Etat conséquemment à ceux qui paroîtront mériter la préférence. Mais qu'on fournisse de bonnes vues aux Etats actuels, qu'on leur suggere des plans qu'ils puissent s'approprier, rien n'empêche

pêche qu'ils ne le fassent; ils pourront s'affermir par de semblables moyens, se préserver de disgraces plus ou moins prochaines, gagner la supériorité sur d'autres Etats, ou la recouvrer au cas qu'ils l'aient perdue. Il y a des visionnaires parmi ceux qui fournissent de semblables projets; mais de tous les visionnaires les plus grands, & en même tems les plus dangereux sont ceux qui pensent à une refonte totale.

16. Les trois formes générales de Gouvernement, & sur-tout l'Aristocratie & la Démocratie, sont susceptibles de plus & de moins, & ont même une assez grande latitude. Car la Démocratie peut embrasser tout le peuple, ou le resserrer jusqu'à la moitié. L'Aristocratie à son tour, peut de la moitié du peuple se resserrer indéterminément jusqu'aux plus petits nombres: la Royauté même admet quelquefois un partage, soit entre le pere & le fils, soit entre deux freres, ou autrement. Il y avoit toujours deux

deux Rois à Sparte, & l'on a vû dans l'Empire Romain jusqu'à huit Empereurs à la fois, sans qu'on pût dire que l'Empire fut divisé. Il y a un point où chaque forme de Gouvernement se confond avec la suivante; & sous trois dénominations spécifiques le Gouvernement est réellement capable d'autant de formes qu'il y a de Citoyens. Il y a plus; chacun de ces Gouvernemens pouvant à certains égards se subdiviser en diverses parties, l'une administrée d'une maniere, l'autre d'une autre, il peut résulter de ces trois formes combinées, une multitude de formes mixtes, dont chacune est multipliable par toutes les formes simples.

17. On a de tout tems beaucoup disputé sur la meilleure forme de Gouvernement, sans considérer que chacune est la meilleure en certains cas, & la pire en d'autres. Pour les différens rapports qu'ont toujours eus entr'eux les Etats, on doit les regarder comme l'ouvrage de la Providen-

ce

ce plutôt que comme celui des hommes. Parmi ces Etats il y en a de grands & de petits, de forts & de foibles; ils s'attaquent, s'offensent, s'entredétruisent, & dans cette action & réaction continuelle, font beaucoup de misérables, & coûtent la vie à quantité d'hommes. Il ne faut pas rechercher si cela vient des défauts de l'Institution Sociale dans son origine: nous avons vû ce qu'on doit penser de cette prétendue origine. Les choses iroient encore plus mal, si les hommes avoient tous gardé leur premiere liberté. Leur Association est partielle & imparfaite; soit: elle produit la tyrannie & la guerre; soit encore: la tyrannie & la guerre sont de grands fléaux; cela est encore très-vrai. Mais, ce qui n'est pas vrai, c'est que ce soient les plus grands fléaux possibles. Un Etat ravagé par la guerre, désolé par l'oppression, se rétablit de ses catastrophes, & demeure moins à plaindre que s'il étoit transformé pleinement, & pour toute

la

la ſuite des ſiécles, en une contrée de Sauvages, ou même en une Horde de Tartares.

Enfin les rémedes qu'on voudroit chercher à ces inconvéniens, par les ligues & confédérations, qui, laiſſant chaque Etat ſon Maître au dedans, l'arme au dehors contre tout aggreſſeur injuſte, ces rémedes, dis-je, vont de pair avec les autres viſions que nous avons combattues jusqu'ici. La Paix perpétuelle eſt la Sœur du Contract Social. Il ſera auſſi aiſé d'introduire celle-là, que de rétablir celui-ci. Laiſſons agir les Souverains, renvoyons-les au Tribunal de leur Maître, qui les jugera en même tems que nous; ſoyons ſoûmis, tranquilles, honnêtes-gens, & nous trouverons notre ſort ſupportable, ſi tant eſt qu'il ne ſoit pas meilleur que nous le méritons.

FIN.

www.ingramcontent.com/pod-product-compliance
Ingram Content Group UK Ltd.
Pitfield, Milton Keynes, MK11 3LW, UK
UKHW020256250726
13967UKWH00004B/1704